Charles Reichenbach

Zuspruch fürs Leben

crp

Impressum

3. Auflage 2020, 50 000 Exemplare
Herausgeber: CRP, CH-8187 Weiach
Produktion: jordibelp.ch
Kontakt: info@jordibelp.ch
Gestaltung Buchumschlag: mj-design.ch
Bildnachweis: © yaalan/AdobeStock

ISBN 978-3-033-04440-1

Inhalt

Vorwort 7
Der Brief 8
Wenn ich dich anrufe, so erhörst du mich und gibst meiner Seele große Kraft! 9
Zeit 11
»... die Haare auf eurem Haupt sind alle gezählt. Darum fürchtet euch nicht!« 13
Eine biblisch-positive Lebenseinstellung führt zu häufigen Glückserlebnissen – ein »Gute Laune Vitamin«? 15
Und nun geht die Sonne auf! 17
Wer zu mir kommt, den werde ich nicht hinausstoßen 19
Hiob – Urpatient Gottes. Wird das Geheimnis des Bösen gelüftet? Warum gibt es so viel Leid und Schmerzen? 20
Erwählung – Berufung 25
Lebensnöte und ihre Überwindung 26
Auf den richtigen Entschluß kommt es an 28
Schweigt Gott? 31
»Der Herr ist mein Hirte ...« 33
Das neu geschenkte Leben 38
Nicht altern, sondern reifen 39
Aus der Ausweglosigkeit in einen hellen Morgen! Hoffnung! 41
Die Furcht des Heiligen Geistes – Die Liebe 42
Mir ist Gnade widerfahren – Gnade, deren ich nicht wert 45
Göttliche Liebe! 46
Freude, die nie vergeht 48
Friede – schafft Einigkeit 50
Ist alles umsonst? 53
Vom Segen Gottes hängt alles ab 54
Erfülltes Leben in Jesus – Buddha oder Christus? 55
Befreiung durch Gottvertrauen 58
zwischen Angst und Hoffen 60
Produktiver Glaube statt lähmende Sorgen 61
Wunder-Wirkungen durch Glaubensmut 65

Sieg durch Lobpreis 67
. . . und dennoch 70
Allein – und doch nicht einsam 72
Reden – Silber oder Gold? 74
»Nimm dir Zeit und nicht das Leben« 75
Zugang zur Harmonie des Lebens 76
Länger jung bleiben – nur ein Wunschtraum? 78
Ich versuche, in den Augen eines Kindes zu lesen 80
Fröhliches Christenleben 83
Kieg, Aufruhr, Streit, Chaos . . .»Erschrecket nicht!« 84
Medidation oder Gebet? 86
Therapie Gottes – Nach dem Dunkel kommt ein neuer Morgen 88
Der »Neue Mensch« singt ein »neues Lied«! 91
Dein Leben – ein Loblied ohne Noten? 94
Tod und Anfechtung 96
Eilende Erwartung – wartende Eile 97
Fürchte dich nicht, denn siehe, ich verkündige dir eine große Freude 99
Drei Gedanken 101
Vertrauensvoll in die Zukunft 103
Ist alles nur »Haschen nach Wind . . .«? 106
Streiflichter des Lebens 107
Die Psalmen 108
Lachen – oder Trübsal blasen? 110
Mut zum Leben 112
Ausweg aus den Sackgassen des Lebens 114
Der König der Liebe ist erschienen und die Nacht zu Ende 117
Die Botschaft des Lebens 118
Gedanken über Erfolg und Mißerfolg 120
Er kommt 122
Die »herrliche Freiheit« – gibt es sowas? 124
Fasse Mut! – Das Leben triumphiert 126
Mehr Herzlichkeit 127
Nur ein Baum 129
Stachelschweine haben's schwer 131
»Herr, lehre uns beten . . .« 132

Vorwort

Dieses Buch vermittelt Hoffnung und Sinn in einer Sprache, die jeder versteht.

Es ist eine Einladung zum Glauben, mit dem man heute leben kann.
Es wendet sich an jeden Aufgeschlossenen, Fragenden und Suchenden.

Dieses Potpourri von Aufsätzen – ist lebensnah und eine Fundgrube von Anregungen zur Erneuerung eines ausgefüllten, frohmachenden Lebens.

Der Autor

Der Brief

Mein lieber Freund Charles,
für Dein vorgelegtes Buch möchte ich Dir herzlich danken. Es kommt darin eine Deiner schönsten Lebensqualitäten zum Vorschein, Dein Ringen um die Seelen der Menschen. Ich mußte an Jesus denken, wie er nach Matth. 9, 35ff. durch alle Städte und Dörfer zieht, und es ihn jammert, weil die Menschen so abgequält und erschöpft waren, »wie Schafe, die keinen Hirten haben«. Die abgrundtiefe Erschöpfung heutiger Menschen geht auch Dir ans Herz; und du versuchst in »lebendigen Worten«, geprägt und getrieben vom Evangelium Gottes, Niederliegende »aufzustellen«. Mich, auch so ein Erschöpfter, hast Du schon oft mit Deiner Verkündigung erquickt. Der Herr segne Dich und alle Leser dieses Buches.
Mit ganz lieben Grüßen

Dein E. Brunner
Pfarrer der Ev. reform. Landeskirche

Wenn ich dich anrufe, so erhörst du mich und gibst meiner Seele große Kraft! Psalm 138, 3

Unsere deutsche Sprache ist voll von biblischen Begriffen. Das Wort »Heimsuchung« bedeutet: Der Herr sucht uns, um uns nach Hause, in seine Nähe, zu bringen.

Das ist der tiefe Sinn des Leidens, der Zulassungen, jeder Not und jeder Träne! Diese Welt ist auch nicht unsere Heimat, sondern wir sind unterwegs in die himmlische Zukunft.

Carl Gustav Jung, der bekannte Psychologe, sagte: »Es ist gleichgültig, was die Welt über Glaubenserfahrung denkt, derjenige, der sie hat, besitzt den großen Schatz einer Sache, die ihm zu einer Quelle von Leben, Sinn und Schönheit wurde und die der Welt und der Menschheit einen neuen Glanz gegeben hat . . .« Schwierigkeiten und Probleme hilft der Vater uns lösen.

Er ist ein Gott allen Trostes, und »Er gibt den Müden neue Kraft und Stärke genug dem Unvermögenden« (Jesaja 40, 29).

Gerade in deinen Schwierigkeiten ist dir Gott mit seiner Hilfe am Nächsten. Im Kampf lernen wir siegen und überwinden – ja ihn kennen – »den Gott, der Wunder tut«.

Vor den Kindern Israels lag das Schilfmeer, hinter ihnen das schlagkräftige Heer Pharaos, links und rechts von ihnen ausweglose Wüste. Da gab es kein Entrinnen.

Die Verzagten weinten. Die Bösen machten Mose bittere Vorwürfe, schoben ihm die Schuld zu und bereuten, je Ägypten verlassen zu haben . . . Doch nun das Wort des Glaubens:

»Fürchtet euch nicht . . . der Herr wird für euch streiten und ihr werdet stille sein!«

Unser Gott will retten! Vertraue ihm! In tiefen Wassern ersaufen nur die Feinde. »Ist Gott für uns, wer mag wider uns sein?« Wirf dein Gottvertrauen nicht weg!

Angefochtene, müde Pilger im Jammertal, das ganze fußlahme Volk darf ein Felsenwort (ein Wort, auf das man gründen kann) hören: *»Es sollen wohl Berge weichen und Hügel hinfallen, aber meine Gnade soll nicht von dir weichen, und der Bund meines*

Friedens soll nicht hinfallen, spricht der Herr, dein Erbarmer« (Jesaja 54, 10).

Es gibt ein Stillesein des Glaubens in Zeiten der Anfechtung! Es will gelernt sein! Es braucht Kraft! Gerade in Prüfungszeiten entdecken wir einen ungeahnten Tatendrang in uns . . . Gottvertrauen und stille sein! Nur der ruhig Erwartende erlebt, daß der Herr auf den Plan tritt. Er verbirgt uns, bis der Sturm vorüber zieht. Der Sieg ist uns gewiß! Hörst du den Wind? Siehst du die Wellen von Schwierigkeiten? Sei getrost, auf ihnen wandelt der Herr, der die große »Stille« schafft.

Er ist der Herr des Friedens.

Er weiß – er sorgt und liebt dich. So warte nun auf die Stunde Gottes.

Zeit

Der Mensch hat die Fähigkeit, sich zum Positiven oder zum Negativen zu entscheiden.

Die Auswirkungen unserer Lebenseinstellung sind folgenschwer. Zwei Männer verloren 1929 beim verheerenden Bankenkrach über Nacht ihr ganzes Vermögen. Der eine sagte sich: »Es ist wahrhaftig schlimm genug, daß ich mein ganzes Geld verloren habe, würde ich nun aber auch meine Nerven, meine Gesundheit und meinen Lebensmut verlieren, dann wäre das tausendmal schlimmer . . .«

Er lebte weiter, arbeitete, überwand den Verlust und brachte es wieder zu Erfolg und Ansehen.

Der andere Mann warf sein Leben weg, er stürzte sich aus dem 18. Stockwerk in New York in die Tiefe.

Die allgemein geglaubte Irrlehre: »Zeit ist Geld«, treibt den modernen Menschen in eine ungeahnte Hetze und in ewige Zeitnot. Übermüdet, aber aufgeputscht durch Zigaretten und Kaffee, durchläuft er seine Tage . . .

Nein, Zeit ist nicht Geld, sondern Gnade und somit auch nicht Privateigentum, aber ein wertvolles Gut, das wir nutzbringend einsetzen können.

Ich kann Zeit vertrödeln oder verschlafen, ja totschlagen. Ich kann sie aber auch auskaufen.

Das meist gebrauchte Wort für den Begriff Zeit, im Neuen Testament, ist das Wort *»kairos«* (griechisch). Es bedeutet »ein gegebener Moment«, »ein entscheidender Zeitpunkt«, den es zu erfassen gilt. Ein »günstiger Augenblick«, den wir nutzen sollten.

Zeit ist somit eine uns von Gott gebotene Gelegenheit, die wir unbedingt wahrnehmen müssen. »Er tut alles fein zu seiner Zeit . . .« und Salomo sagt uns auch: »Ein jegliches hat seine Zeit, und alles Vornehmen unter dem Himmel hat seine Stunde« (Prediger 3, 1).

Das hat nichts mit einem fatalen Schicksalsglauben zu tun, »denn dem Menschen, der ihm gefällt, gibt Er Weisheit, Vernunft und Freude . . .« (Prediger 2, 26 a). Alle, die Gottvertrauen haben, dürfen das täglich erleben, »denn ohne Glauben ist es unmöglich, Gott zu gefallen« (Hebräer 11, 6).

Doch unsere »Kairos« oder *»Chronos«* (eher die Zeit, mit der Uhr gemessen) geht einmal zu Ende. Ist das schlimm? David sagt seinem Gott: »Meine Zeit steht in deinen Händen«, und damit auch mein Geschick. Gott tut alles fein zu seiner Zeit.

Martin Luther schrieb dazu: »Gott läßt sich den Zeiger nicht stellen und wir sollen ihm nicht sagen wollen, was es geschlagen hat«. Die griechische Sprache des Neuen Testaments kennt noch ein drittes Wort für Zeit: *»aion«*. Es wird für den Begriff »Zeitalter oder Weltzeit« gebraucht, oft wird es sogar nur mit »Welt« übersetzt.

Viele sprechen vom Weltende und von der Endzeit, in der wir leben. Sie ist Entscheidungs- und Reifezeit aber auch Gerichts- und Gnadenzeit für jeden einzelnen.

Unsere Zeitgeschichte ist begrenzt und kann nur vom Ende her verstanden werden, denn dieses »Ende« ist ein »Anfang«!

Wir glauben an das Kommen des Herrn und auf diesen Tag freuen wir uns! Die »Weltuntergangs-Apostel« und »Harmagedon-Hausierer« erschrecken uns nicht, weil unser Herr gesagt hat: »Siehe, ich bin bei euch alle Tage bis an der Welt Ende« (Matthäus 28, 20). Deshalb sprach Luther immer vom »lieben jüngsten Tag«. Er meinte auch einmal, daß dieser Tag wird kommen »nach und um Ostern, da das Jahr am hübschesten und lustigsten ist und frühe, wenn die Sonne aufgeht«. In seinen urigen Tischreden soll er einmal zuversichtlich geäußert haben: »Wenn ich wüßte, daß morgen die Welt untergeht, so würde ich trotzdem heute noch ein junges Apfelbäumchen in meinen Garten pflanzen.«

Die Botschaft vom Ende sollte immer die Frohe Botschaft des Anfanges sein, denn Trübsale, Tränen, Not, Sorgen, Leid und Tod gibt es dann nicht mehr.

». . . die Haare auf eurem Haupt sind alle gezählt. Darum fürchtet euch nicht.« Lukas 12, 7

Es gibt ein zermürbendes Grübeln in der Vergangenheit.

Ein Wühlen in dem, was nicht mehr geändert werden kann und dadurch ein »Blockiert sein« für alles Positive. Doch die »Haare Ihres Hauptes« sind längst »gezählt«.

Auf alles in Ihrem Leben hat Gott geachtet. Jedes Erlebnis will unser Herr sinnvoll werden lassen – für Sie und andere. Alles soll Ihnen zum besten dienen. Auch in der kommenden Zeit »zählt« Gott weiter.

Alles dürfen wir aus der Vaterhand unseres Herrn erwarten und dann kindlich entgegennehmen. Weil dem so ist, sagt Jesus: *»Darum* sorget nicht für den nächsten Morgen« (Matth. 6, 34) oder das nächste Jahr.

Wer sich sorgt, meint es selber machen zu müssen.

Wer aber betet und seine Herzensnöte mit Gott bespricht, wirft die Sorgen hinaus und gibt das, was ihm zu schaffen macht, vertrauend in die Hand des Vaters.

Jesus sagt weiter: »der morgige Tag wird für das Seine sorgen«. Also nicht ein kräfteraubendes, ängstliches Vorausleben negativer Möglichkeiten. Auf das Heute kommt es an . . . Bis hierher hat der Herr geholfen! Warum sollte er es nicht auch in der Zukunft tun?

Über dem *Gestern* steht die Vergebung, wenn »auch wir den an uns Schuldiggewordenen vergeben haben«.

Der Herr will uns gerne dabei helfen, wenn wir nur wollen.

Das *Morgen* steht in Jesu Hand und deshalb kann ich mich heute des Lebens erfreuen.

»Es ist genug, daß ein jeglicher Tag seine eigene Schwierigkeit habe.« Dieses »Es ist genug« hilft mir, jeden Tag bewußt aus der Hand Gottes anzunehmen und auch bewußt zu leben. Und dann sieht man auf einmal in all der menschlichen Unsicherheit und Blindheit die führende und helfende Hand Gottes. »Sein Vermögen und seine starke Kraft ist so groß, daß es nicht an einem fehlen kann« (Jes. 40, 26 b).

Also, mutig voran.

Nie schimmern schöner
die Sterne
als bei der
dunkelsten Mitternacht.
Nie zeigt sich Gott herrlicher
als in den dunkelsten Tagen
der Prüfung
und unabsehbaren Not.
Wann willst du, Freund,
Glauben beweisen, wenn
nicht in der Trübsal,
wann Hoffnung auf Gott, wenn
nicht in dunkelster Stunde?

Johann Kaspar Lavater (1741–1801)

Eine biblisch-positive Lebenseinstellung führt zu häufigen Glückserlebnissen – ein »Gute-Laune-Vitamin«?

Ein Mensch ohne Halt in Gott bleibt ewig suchend und tappt im Dunkeln. Ein Gefühl von Einsamkeit und Verlassenheit ergreift ihn und er versinkt in unerklärliche Angstzustände.

Die kleinsten Pflichten des Tages sind ihm zu viel – ein unüberwindbares Hindernis, ein bedrohlicher Berg – und er meint in einen Abgrund von Trostlosigkeit versinken zu müssen.

Das sind nun schon Symptome von Schwermut . . .

Jeder Mensch fühlt sich einmal niedergeschlagen, mutlos und traurig. Doch aufgepaßt, solche Stimmungstiefs gleiten leicht ab in einen gefährlichen, krankhaften Zustand anhaltender Freudlosigkeit und Lethargie.

Der bekannte Atomphysiker *Albert Einstein* schrieb dazu:

»Das wahre Problem liegt in den Herzen und Gedanken des Menschen. Es ist nicht ein physikalisches Problem, sondern ein ethisches. Es ist einfacher, die Zusammensetzung des Plutoniums zu ändern als den negativen Geist eines Menschen zu vertreiben. Was uns erschreckt, ist nicht die Explosionskraft der Atombombe, sondern die Macht der Verneinung des menschlichen Herzens, seine Explosionskraft für das Böse«.

In der Bibel ist göttliche Heilungskraft gespeichert, die in der Lage ist, zu befreien. »Die zum Herrn riefen in ihrer Not, und er half ihnen aus ihren Ängsten.«

»Er sandte sein Wort und machte sie gesund und errettete sie . . .« (Psalm 107)

Furcht und Verzagtheit müssen weichen. Liebe und Hoffnungsmut ziehen ein. Jesus sagt: »Ich bin gekommen, damit ihr das Leben im Überfluß haben sollt« (Johannes 10, 11). Sinnerfüllt, inhaltsreich, ewig-neu, in qualitativer reicher Fülle wird uns das Leben angeboten.

Dieses Leben kannte Brigitte Bardot nicht, als sie meinte: »Glück – das sind doch immer nur Momente oder Minuten«. Ein »Gute-Laune-Vitamin«, welches uns das Hochgefühl gesteigerter

Zufriedenheit verschafft, gibt es leider nicht, aber ein *bewußtes Leben im Kreis von gläubigen Menschen – das gibt es!*

Eine biblisch-positive Lebenseinstellung führt zu häufigen Glückserlebnissen und schenkt eine frohe Lebensbefriedigung dadurch, daß ich Licht, Wärme und Freude auch in das Leben anderer hineinbringen darf.

»Die ihn lieben sind wie der Sonne Aufgang in ihrer Pracht« (Richter 5, 31 b).

Und nun geht die Sonne auf!

»Jakob stand auf in der Nacht und nahm seine zwei Frauen und die zwei Mägde und seine elf Kinder und zog an die Furt des Jabbok. Nahm sie und führte sie über das Wasser, daß hinüberkam was er hatte. Und blieb allein. Da rang ein Mann mit ihm, bis die Morgenröte anbrach. Und da er sah, daß er ihn nicht übermochte, rührt er das Gelenk seiner Hüfte an, und das Gelenk der Hüfte Jakobs ward über dem Ringen mit ihm verrenkt. Und er sprach: Laß mich gehen, denn die Morgenröte bricht an. Aber er antwortete: Ich lasse dich nicht, du segnest mich denn.

Er sprach: Wie heißest du? Er antwortete: Jakob.

Er sprach: Du sollst nicht mehr Jakob heißen, sondern Israel, denn du hast mit Gott und mit Menschen gekämpft und bist obgelegen.

Und Jakob fragte ihn und sprach: Sage doch, wie heißest du?

Er aber sprach: Warum fragst du wie ich heiße? Und er segnete ihn daselbst« (1. Mose 32, 23–29 a).

Die Nacht am Jabbok – das Ringen mit Gott, der ihn in der Finsternis hart anfaßt, macht aus Jakob *Israel.* »Ich lasse dich nicht, du segnest mich denn«, sagt er zu diesem starken Unbekannten und weiß, wenn Gott mich verwirft in meiner Schuld, dann bin ich verworfen. Deshalb klammert er sich mit der ganzen Kraft, mit Leib und Seele, an ihn.

Kennen auch wir, in entscheidenden Stunden unseres Lebens, ein Ringen mit Gott? Aus Jakob wird Israel. Durch den Kampf *mit* Gott – ein Kämpfer *für Gott.*

Kämpfst du, lieber Leser, mit Krankheit, Not, Leidenschaft und Gebundenheit? Sind da Hindernisse, feindselige Menschen? *Verwandle alles zu einem Ringen mit Gott!* Kennst du das Nachtgebet, das Sich-Anklammern und Nicht-mehr-Loslassen? Kennst du Gott, deinen Schöpfer, der Lobgesänge gibt in der Nacht? (Hiob 36, 10). Wo sind die Stunden, die den Wandel bringen, in denen du Christus erlebst mit der Macht der Vergebung und des Friedens?

Jakob kann nie mehr sein wie vorher. Er bekommt einen Schlag auf die Hüfte. Er muß den »Alten« in schmerzlicher Erneuerung überwinden. Tiefe Buße! Es ist der Ritterschlag Gottes und nun geht die Sonne auf. Er sieht den neuen Weg, Kraft, Freude und die ganze Fülle des Lebens. Es gibt ein Leben aus Gottes Kraft Tag für Tag, immer aufs Neue.

– *»Ich lasse dich nicht«* – ist auch ein Versprechen. Komme was da kommen mag – eines darf nicht sein, daß ich abkomme von Gott und den Kampf aufgebe. Alles kann ich verlieren, nur dich nicht, Herr! Leib und Seele können verschmachten, dennoch bleibst du mein Trost und Teil (Psalm 73, 26).

Ringen mit Gott heißt: Von ihm allein alles erwarten.

»Jakob hieß die Stätte Pniel, denn ich habe Gott von Angesicht gesehen, und meine Seele ist genesen« (Vers 31).

Auch wir sehen Gott in seinem Wort.

Auch unsere Seele wird heil. »Schmecket und sehet, wie freundlich der Herr ist« (Psalm 34, 9).

Wir werden ihn aber auch gewahr im Alltag, im täglichen Leben mit seinen göttlichen Stoppschildern, Bewahrungen und Durchhilfen . . .

Wer zu mir kommt, den werde ich nicht hinausstoßen.

Johannes 6, 37

Wir sind hier gemeint. Sie und ich! Er hat seine Arme weit geöffnet. Jeder darf kommen, auch Zweifler und Versager, Niedergeschlagene sowie Angefochtene.

Dieses *tägliche* Kommendürfen, um liebevoll getröstet zu werden, ist so unbegreiflich und macht uns dankbar und froh.

Wir werden aus dem Loch der Depression herausgerissen.

Sein Tod deckt alles an mir zu und mit Freuden darf ich sein ganzes Zurechtbringen erwarten. Keiner braucht weinen und klagen – wir dürfen uns hinwenden zu ihm, neues Vertrauen schöpfen, denn zu seiner Zeit ist er da mit seiner Hilfe. Leid und Tränen treiben uns in Gottes Nähe, um seine verborgenen Absichten verstehen zu lernen. Ich und mein Leben gehören zu einem großen Plan und der Gläubige weiß, wie stark und liebevoll die Hand ist, die ihn trägt und führt. »Laß mich doch deine Herrlichkeit schauen«, bat einst Mose seinen Gott. Wir erblicken ihn in seinem Wort. Das Herz wird weit und die Seele wirklich satt. Mein inwendiger Mensch kann davon leben und seine Freude und Kraft fließt täglich neu in mein Leben.

Es gibt ein einziges Rezept, um triumphieren zu können!

Es ist die Liebe, einschließlich der Feindesliebe und der Verzeihung erlittenen Unrechts. Erbitte es!

Werde frei und lebe!

Hiob – Urpatient Gottes. Wird das Geheimnis des Bösen gelüftet? Warum gibt es soviel Leid und Schmerzen?

»Vom Hörensagen hatte ich von dir gehört, nun aber hat mein Auge dich gesehen. Darum widerrufe ich und bereue in Staub und Asche« (Hiob 42, 5–6).

Ein Afrikaner betete einst: »Bisher habe ich von dir, Gott, geredet wie ein Papagei. Jetzt aber habe ich dich wirklich kennengelernt . . .«

Auch Hiob ist vom gewöhnlichen Nachsagen zum persönlichen Kennenlernen Gottes gekommen. Obschon für ihn die Gottesfurcht die Grundlage seines Glücks war, sollte er doch durch ungeahnte Tiefen gehn, bis er endlich Gott selber reden hören konnte. Nun wird er ganz stille, lernt schweigen über den Dingen, die ihn quälen und belasten. Hiob hört zu und auch wir sollten es tun, denn Gott antwortet auf die Proteste des Menschen und will sich uns zu erkennen geben . . . Das Thema des scheinbar sinnlosen Leidens, in einer Welt voller Schmerz, ist heute aktueller als je zuvor.

Deshalb ist Hiob das Buch für die Stunden unserer Prüfungen und Leiden, unserer menschlichen Angst und tiefen, oft unbewußten Sehnsucht nach Gott.

»Es war ein Mann im Lande Uz, der hieß Hiob. Derselbe war schlicht und recht, gottesfürchtig und mied das Böse«

So beginnt im schönsten Erzählerton eines der bewegendsten Bücher der Bibel. Hiob ist ein reicher Patriarch und Großbauer mit vielen Ländereien und Viehherden, mit zehn Kindern, Dienern und Mägden. Als guter Vater sorgt er nicht nur für das leibliche Wohl seiner Kinder, sondern auch für ihre seelische und geistige Gesundheit. Schon fast überängstlich bringt er viele Brandopfer stellvertretend für sie dar, in seiner Sorge, sie von jeglicher Befleckung zu befreien und ihre eventuellen Verfehlungen vor Gott wiedergutzumachen (1, 5). Über diesem klugen und freigebigen Menschen hält Gott seine schützende Hand, bis dann ein schicksalsschwerer Tag hereinbricht: Ein Wirbelsturm läßt das Haus zusammenstürzen in dem die Kinder feiern – sie sind alle tot. Räuber stehlen die Rinder und erschlagen die Knechte. Ein Blitz tötet die Schafherde. Die Chaldäer rauben die Kamele und bringen die Knechte um . . . – Kein Aufbegehren des Unglücklichen, sondern ehrfürchtige Unterwerfung unter Gottes Wille: »Der Herr hat's gegeben, der Herr hat's genommen, der Name des Herrn sei gelobt.«

Hiob ist unser Vorbild. Er fügt sich in Gottes Willen in guten wie in schlechten Tagen.

Er anerkennt in unbeugsamem Glauben die Herrschaft Gottes. Doch nun die alte Frage:

Wie kann Gott so etwas zulassen?

Das Leiden des Gerechten und Unschuldigen – gibt es darauf eine Antwort? Hiob weiß nichts von Gottes Ratssitzung im Himmel, von Satans Anschuldigung, er sei nur gut, weil er Segen und Erfolg habe. »Aber recke deine Hand aus und taste an alles was er hat: was gilt's, er wird dir ins Angesicht absagen?«

Gott hatte die Herausforderung angenommen und vertraute seinem Knecht, um zu beweisen, daß die Beziehungen zwischen dem Gläubigen und seinem Herrn nichts mit kaufmännischer Rechnerei zu tun hat!

Doch der Widersacher gab nicht auf. Die Prüfung Hiobs ging weiter: Seine Haut überzog sich von der Fußsohle bis zum Scheitel mit schmerzhaften, unerträglich juckenden Geschwüren. Und nun sitzt Hiob in der Asche und schabt sich mit einer Scherbe. Mit der Asche bestreut der Trauernde sein Haupt.

Fern von seiner Wohnung, wie es dem Aussätzigen ziemt, sitzt er auf der Abfallhalde außerhalb des Lagers oder Dorfes, um seine Hausgenossen nicht durch Ansteckung zu gefährden. Zu seiner körperlichen Qual kommt nun noch ein tiefer seelischer Schmerz. »Da sagte seine Frau zu ihm: Hältst du immer noch fest an deiner Frömmigkeit? Lästere Gott und stirb« (2, 9). Doch er erkennt das närrische Weib und »versündigt sich nicht mit seinen

Lippen«. Doch nun kommen seine drei Freunde von weither und aus verschiedenen Richtungen. Die Müllhalde wird zur Bühne. Zuerst sitzen sie noch stumm da, sieben Tage lang, dann gehn die Redeschlachten los.

Hiob verflucht den Tag seiner Geburt. Es ist eine Explosion des Schmerzes. Die drei, Eliphas, Bildad und Zophar haben ein billiges, primitives »Evangelium«!!

Wer sündigt wird bestraft. Wenn also einer bestraft wird, so hat er gesündigt. Statt Tröster sind sie Bußprediger und Ankläger.

In seiner Verzweiflung nennt Hiob sie Pfuschärzte. »O, daß ihr doch nur stille schwieget.« Doch diese »Seelsorger« denken nicht daran. Sie wissen alles so genau und meinen Gott verteidigen zu müssen. – Vorsicht schwergeprüften Menschen gegenüber! Wie leicht verfallen wir ins Richten und leichtfertiges Verurteilen, als ob wir selbst in Ordnung wären?

In echter »Seelsorge« geht es ums Mittragen der Lasten unserer Mitmenschen, ums stille Anhören ihrer Nöte . . . und um Fürbitte

»Wie lange noch wollt ihr mich quälen?« (19, 2) fragt Hiob seine unnützen Tröster, die sich selbst berauschen an ihren prachtvoll poetischen Argumenten. Doch Hiobs Glaube triumphiert: »Ach ich, ich weiß, daß mein Erlöser lebt, und als der letzte wird er über dem Staube sich erheben. Und nachdem diese meine Haut zerschlagen ist, werde ich in meinem Fleisch Gott sehen. Denselben werde ich sehen, meine Augen werden ihn schauen und kein Fremder. Danach sehnt sich mein Herz in meiner Brust« (19, 25–27). Hiob ist wahrlich eine Vorausdarstellung des »Ecce homo«, des mißhandelten, verspotteten Heilandes mit der Dornenkrone und Hiobs Klagen sind die Vorankündigung jenes Schreis: »Eli, Eli, lama asapthani?« (Matthäus 27, 46). »Mein Gott, mein Gott, warum hast du mich verlassen?« – Doch nun ist da noch ein anderer. Stumm hatte er lange zugehört. Als scharfer Denker, jung und heftig, verpaßt er diesen »ehrwürdigen Ratgebern« Verweise. Und Elihu – so heißt er – versucht Hiob mit Liebe zu begegnen. »Du darfst vor mir nicht erschrecken, und mein Drängen soll nicht auf dir lasten« (33, 7). Jedoch zeigt er dem Schmerzensmann ganz klar wo er zu weit gegangen ist in seinen

Verteidigungsreden, im Diskutieren und Debattieren. – Wie leicht sagen wir Menschen doch zuviel und hauen über die Schnur.

Elihu tröstet! Er verherrlicht seinen Schöpfer. Er überzeugt, daß diese grenzenlose Not nicht das Endgültige, nicht das Letzte sein kann . . . »Auch dich zieht Gott aus dem Rachen der Angst in weiten Raum, da keine Bedrängnis mehr ist, und an deinem Tisch, voll alles Guten, wirst du Ruhe haben« (36, 16). Das Böse, die Not, Ungerechtigkeit, Hunger und Mord, sind eine Zeitfrage! All das wird ein Ende haben.

Der Allmächtige hat das letzte Wort und wird die Macht ergreifen . . . – Auch Hiob hat der Herr gehört und erhört.

Er antwortet ihm aus dem Wettersturm. Er ist uns Menschen keine Rechenschaft schuldig über seine Zulassungen und – »wie gar unbegreiflich sind seine Gerichte und unerforschlich seine Wege!« (Römer 11, 33 b).

Der Herr stellt die Fragen:

»Wer ist der, der den Ratschluß verhüllt mit Unverstand? Wo warst du als ich die Erde gründete? Weißt du, wer ihr das Maß gesetzt, wer über sie eine Richtschnur gezogen hat? . . . Da mich die Morgensterne miteinander lobten und jauchzten alle Gottessöhne . . .« (38, 4–7).

Der Schöpfer offenbart Hiob seine ganze Herrlichkeit und grenzenlose Macht. Mit einem Mal sind alle »Warum und Wozu« verblaßt, weil es klar geworden ist, daß seine Beschlüsse weit über unser Begriffsvermögen hinausgehen. Und dann sagt der Mensch demütig, wie Hiob: »Siehe, ich bin zu gering und habe unweise geredet, was mir zu hoch ist und ich nicht verstehe« (42, 3 . . .). Plötzlich fühlt er sich »schuldig und tut Buße in Staub und Asche« (43, 6).

In diesem Augenblick strahlt die überschwengliche Freude der Vergebung in das Herz Hiobs

Er fühlt sich geliebt und hat wieder Mut, Würde und Zuversicht. Hiob war gottesfürchtig geblieben während seiner ganzen Prüfungszeit. Er legte nun für seine Freunde Fürbitte ein (42, 8). Sie waren zu sehr von sich und ihrer eigenen Weisheit befangen; nun war Gottes Zorn gegen sie entbrannt. Doch auch ihnen wird vergeben. »Die Strafe liegt auf ihm, auf daß wir Frieden hätten« (Jesaja 53, 5). »Der Herr wandte das Gefängnis Hiobs« (42, 10) und gibt seinem treuen Diener doppelt soviel wie er vorher gehabt hat.

Gott schenkte ihm auch wieder sieben Söhne und drei Töchter – die »schönsten in allen Landen«. Sie werden uns mit ihren Namen vorgestellt. Jemima (Täubchen), Kezia (Zimtduft) und Keren Happuch (Schminkbüchslein). »Ihr Vater gab ihnen Erbteil unter ihren Brüdern. Und Hiob lebte nach diesem 140 Jahre, daß er sah Kinder und Kindeskinder bis in das vierte Glied. Und Hiob starb alt und lebenssatt« (42, 15–17).

»Ich hatte von dir nur vom Hörensagen vernommen. Nun aber hat mein Auge dich gesehen.«

Erwählung – Berufung

»Und der Herr sprach zu Abram: Gehe aus deinem Vaterlande und von deiner Freundschaft und aus deines Vaters Hause in ein Land, das ich dir zeigen will. Und ich will dich zum großen Volk machen und will dich segnen und dir einen großen Namen machen und sollst ein Segen sein. Ich will segnen, die dir wohlwollen und verfluchen, die dich verfluchen, und in dir sollen gesegnet werden alle Geschlechter auf Erden« (1. Mose 12, 1–3).

Durch sein Berufenwerden hat Abraham Gott erlebt. Es handelt sich dabei immer um eine absolut souveräne Gnadenwahl, die Segen durch den Dienst an anderen bedeutet.

Gott schließt einen Bund mit Abraham.

»Lech-l'cha« lautet der Auftrag, das heißt: »Gehe für dich« – »laß diese irrende, zersetzende Welt als ein Mann des Glaubens und der Offenbarung, durch den der Herr die Heilsgeschichte einleiten kann.« – »Gehe für dich« heißt: »Abraham, dich als *Einzelnen* habe ich gerufen, du sollst Wahrheitsträger und mein Zeuge sein.

Durch die Kraft meines Rufes wird dir der Bruch mit allem Hinter-dir-Liegenden und der Durchbruch in die göttliche Sphäre gelingen.« Es erfordert einen Glaubensschritt – ein Gang ins Unbekannte. Nur klare Lösung vom Alten führt zur verheißenen Erlösung. Als fünfundsiebzigjähriger Mann wurde er zum Vater des Glaubens, erlebte den Wendepunkt seines Lebens: Umkehr und Auslieferung an seinen Gott. »Abraham glaubte Gott und das rechnete er ihm zur Gerechtigkeit« (Römer 4, 7).

Der Herr verheißt ihm ein Land . . . doch das soll Abram erst noch gezeigt werden. Der Aufbruch in die Verheißung ist immer ein Wagnis, das kühnen Glauben an Gottes Wort erfordert.

Jeder Berufene kennt die Spannung zwischen Verheißung und Erfüllung, kennt die Anfechtung und den Zweifel. *Goethe* sagt treffend dazu: »Das eigentliche, einzige und tiefste Thema der Welt- und Menschengeschichte, dem alle anderen untergeordnet sind, bleibt der Konflikt des Unglaubens und Glaubens« . . .

Immer wieder neu heißt es vertrauensvoll warten auf Gott.

Lebensnöte und ihre Überwindung

Wie kurz ist doch das Leben!

»Was ist doch der Mensch!« möchte man mit dem Psalmisten sagen. Das Kind wächst und gedeiht, ist klein – wird groß, entwickelt und entfaltet sich, erlebt Freuden und Sorgen, hofft – wird enttäuscht, gewinnt und verliert und gleichzeitig wächst in ihm durch Angst und Freude, Glaube oder Unglaube, Gewißheit oder Unsicherheit, und je nachdem ist der Mensch getrost oder auf der Flucht, seines Heils gewiß oder in Angst vor dem Sterben. Und dann schrumpft alles unheimlich zusammen, was sechs, sieben, acht, vielleicht neun Jahrzehnte eines Menschenlebens ausfüllte. Hat es sich gelohnt, mag einer fragen? War das alles?

»So spricht der Herr: Wehre deiner Stimme das Weinen und deinen Augen die Tränen, denn deine Mühe soll noch belohnt werden« (Jeremia 31, 16).

Was dem Volk Israel in dunkler Zeit gesagt wurde, in der Ferne, nach der Deportation, ist liebevolles Aufrichten und göttlicher Trost.

Es ist auch zeitloses, immer gültiges Wort in deine Lage hinein gesprochen. In all den verzweifelten, finsteren Stellen und Stunden muß es Licht werden.

Wo heute gelitten wird, darf morgen gedankt und gesungen werden. Gott will nicht unser Weinen und Klagen. Er möchte unsere Zukehr zu Ihm, unser Vertrauen und Warten auf seine Hilfe. Er möchte, daß wir seine verborgenen Absichten verstehen und seiner Hilfe gewiß sind. – Jeder tiefgläubige Christ mit offenen Augen ist verantwortlich für seinen Nächsten. Die Welt braucht ein Heer von Seelsorgern, von Menschen mit Zutritt zu Christus als der lebendigen Quelle. Die seelischen Nöte der Gegenwart sind groß, *doch Jesus kann helfen.*

»Noch eine kleine Zeit, dann ist's gewonnen – dann ist das ganze Leid in Nichts zerronnen . . .«

»Nicht nur der lichte Tag,
auch die Nacht hat ihre Wunder.
Es gibt Blumen,
die nur in der Wüste gedeihen,
Sterne, die nur am Horizont
der Wüste erscheinen.
Es gibt Erfahrungen der göttlichen Liebe,
die nur in äußerster Verlassenheit,
ja am Rande der Verzweiflung geschenkt werden.«

Gertrud von Le Fort

Auf den richtigen Entschluß kommt es an . . .

Die Botschaft Jesu ist die Antwort Gottes auf alle Probleme dieser Welt. Der suchende Mensch findet – und jedes fragende Herz erhält Antwort. Lebensfreude und Dankbarkeit sind wohl die größten aller Gaben, die wir staunend aus der Hand unseres Schöpfers erhalten. Unser Leben wird weit und auf dem Weg zum Glück verschenkt und erntet man viel Liebe. Diese hohe Kunst muß immer neu gelernt und erbeten werden. Nur Haß gebiert von selbst, wenn er provoziert wird. Aneinander und miteinander wachsen und reifen, den anderen verstehen und gelten lassen, ihn immer neu annehmen – *nur so* kann die wahre Erfüllung und Befriedigung im Leben erreicht werden. Im alttestamentlichen Buch Ruth – es gehört zu den Perlen der hebräischen Literatur und Poesie; Goethe nennt es »das lieblichste kleine Ganze, das uns episch und idyllisch überliefert worden ist« – wird uns das Leben mit allen zwischenmenschlichen Beziehungen geschildert. Es fängt nicht idyllisch an. Drei enttäuschte Frauen auf der Flucht vor dem grausamen Schicksal . . . Eine davon ist eine junge moabitische Witwe, die der Mutter ihres verstorbenen Mannes nach Bethlehem folgen will. Geheimnisvoll fühlt sie sich dorthin gerufen.

Unüberwindlich ist die Kraft, welche sie in das Land der Israeliten zieht. Sie sagt ihrer Schwiegermutter: »Dein Gott ist mein Gott«. *Das* ist der große Unterschied der beiden Sohnsfrauen. Orpa und Ruth spüren, daß sie an einem wichtigen, entscheidungsvollen Abschnitt ihres Lebens angekommen sind und daß es zu einer endgültigen Trennung kommen muß – entweder von Verwandtschaft und Freundschaft samt ihrer ganzen Vergangenheit, oder von Naemi, der Mutter ihres Gatten. Orpa »küßte ihre Schwiegermutter und ging zurück, *Ruth aber hängte sich an Naemi*«. Nichts vermochte sie von diesem Entschluß abzubringen: »Dringe nicht in mich, daß ich dich verlasse und von dir weg heimkehre.«

Im Heiligtum des gemeinsamen Glaubens sind die tiefsten Bande der Verbundenheit zu finden

Weder Vaterland noch Erziehung, weder Kraft, Jugend noch Schönheit bilden das unzerreißbare Band . . . Dort, wo Menschen gemeinsam vor Gott hintreten, um sich zu ihm zu bekennen, entsteht innere Gemeinschaft, die Widerstände überdauert und allen Stürmen des Lebens trotzt.

Orpa kehrt zu ihrem Volk, zugleich aber auch in die Anonymität und Vergessenheit zurück. Wir wollen sie nicht richten!

Das hat sie bereits selber getan. Sie ist und bleibt ein uninteressanter Durchschnittsmensch ohne jegliche Prägung. Ruth jedoch sprengt alle Schranken der Gewöhnlichkeit und wächst zu erstaunlicher Größe heran. *Solche lebenswichtigen Entscheidungen werden nicht aus dem Augenblick heraus getroffen. Sie reifen langsam heran wie die Frucht am Baum.* Die beiden jungen Frauen haben ihre verschiedenen Entschlüsse nicht aus heiterem Himmel heraus gefaßt, sondern aufgrund ihres Wesens und ihrer Lebenseinstellung:

»Wo du hingehst, da will ich auch hingehen, und wo du bleibst, da bleibe ich auch«

Hier ist nicht jenes Miteinander – sprich Nebeneinander – gemeint, da man wohl beieinander bleibt aber eigentlich ohne innere Gemeinschaft. Ruth fährt fort: »Dein Volk ist mein Volk«. Im Unterschied zu ihr ist Orpa ganz im Bann ihres Volkes geblieben, sie kehrt zurück. Das Bekenntnis aber »dein Gott ist mein Gott« bringt Ruth auf neuer Ebene in eine Gemeinschaft über Leben und Tod: »Wo du stirbst, da sterbe ich auch, da will ich auch begraben sein.« Ein lebendiger Glaube, eine tiefe Beziehung zu Gott, ein Vertrauen in dessen Führung auch im »finstern Tal« hat ihr Herz gewonnen. – Als Naemi nach Israel zurückkam, hatte sie wohl keine Söhne mehr, doch die Frauen von Bethlehem haben recht, wenn sie sie damit trösten, daß ihre Schwiegertochter mehr wert sei als sieben Söhne. Wir kennen die unvergleichliche Liebesgeschichte zwischen Boas und Ruth, ihre glückliche Ehe und dann der erste Sohn, dem die gleichen Frauen Bethlehems den Namen Obed (Verehrter) gaben. Er wurde der Vater Isais und der Großvater Davids. Es ist der »Fremden« durch ihre Anmut und Liebenswürdigkeit in dem Hause Juda gelungen, in die Ahnenreihe Davids und dadurch in den Stammbaum Jesu, des Nachkommens Davids, hineinzukommen.

Gottes Wege sind wunderbar und vollkommen.

Liebe, Treue und Freundschaft wird in uns gewirkt. Sie sind Hinweis auf die vollkommene Liebe, die in Jesus Christus sich zu unserem Heil vollendet.

»Gott, von Dir sich abwenden, heißt fallen.
Zu dir sich hinwenden, heißt aufstehen.
In Dir bleiben heißt sicheren Bestand haben.
Gott, Dich verlassen heißt sterben.
Zu Dir heimkehren heißt neu zum Leben erwachen.
In Dir weilen heißt leben.«

Augustinus

Schweigt Gott?

Und er trat in das Schiff, und seine Jünger folgten ihm. Und siehe, da erhob sich ein großes Ungestüm im Meer, so daß auch das Schiff mit Wellen bedeckt ward. Und er schlief. Und die Jünger traten zu ihm und weckten ihn auf und sprachen: Herr, hilf uns, wir verderben. Da sagt er zu ihnen: Ihr Kleingläubigen, warum seid ihr so furchtsam? Und stand auf und bedrohte den Wind und das Meer. Da ward es ganz stille. Die Menschen aber verwunderten sich und sprachen: Was ist das für ein Mann, daß ihm Wind und Meer gehorsam sind?« (Matthäus 8, 23–27).

Oft macht es den Anschein. In unserer Geschichte steht das kurze Sätzlein: *»Er aber schlief«.* Unglaublich – mitten im Toben des Sturms, im Branden der Wogen fühlt er sich geborgen in des Vaters Händen.

»Das große Ungestüm im Meer«, der große Windwirbel auf dem See, die Todesgefahr konnten ihm die Ruhe nicht rauben.

Die Jünger haben kein Verständnis dafür. Die Tatsache, daß Jesus im Schiff ist, beruhigt sie keineswegs. Panik hat sie ergriffen. Sie sind im Fangnetz des Teufels: Furcht und die Überzeugung, daß Gott schweigt – warum auch immer . . .

Fragen über Fragen: Wo ist nun Gott? Warum ist er stumm? Weshalb greift er nicht ein und läßt es geschehen? Hände greifen ins Leere und finden keinen Halt; der Mensch fühlt sich im Stich gelassen in schwerster Not. Schweigt Gott, wenn sich Untiefen von Sorgen, Angst und Hilflosigkeit auftun?

Nein und nochmals nein! Die Stunde des Sturms geht vorüber. Das Wunder der Hilfe ist erfahrbar. Die Jünger weisen uns den Weg: Wir hören das Betteln ihrer Herzen, den Aufschrei aus der Tiefe der angsterfüllten Seelen, das Hämmern der Fäuste an der verschlossenen Tür – die Bibel nennt es schlicht *flehen: »Herr hilf uns, wir verderben.«*

Plötzlich ist er da, mitten in ihrer Todesangst. Sein Wort und seine Hand sind mächtig. In ihrer Not sehen sie nur noch ihn – hören nur noch seine Stimme *»da ward es ganz stille«.* Doch nun fragt er sein »warum«: »Warum seid ihr so furchtsam?« Wo ist euer Glaube? Habt doch mehr Gottvertrauen!

Liebe Freunde, diese Geschichte geschieht immer wieder in unser aller Leben und wir können anbetend staunen. Er sagt: »Euer Herz erschrecke nicht – glaubet an Gott und glaubet an mich.« Durch Jesus Christus hat Gott sein Schweigen gebrochen und der Fürst des Friedens, der die große Stille schafft, ist da, erfahrbar, alle Tage.

»Der Herr ist mein Hirte . . .«

Der Psalm 23 ist zweifellos einer der beliebtesten Psalmen der Heiligen Schrift. Wer sich in seine Aussagen vertieft, entdeckt grünes Weideland und seine Seele wird erquickt. Am quellfrischen Wasser der köstlichen Botschaft wird er belebt und findet Erleichterung.

Zuviele Menschen wissen nichts von der Kraft, die aus einem tiefen Gottvertrauen erwächst. Mit letztem Willensaufwand schleppen sie sich voran, von Selbstvorwürfen und Schuldgefühlen verfolgt. Körperliche Symptome lassen meist nicht lange auf sich warten: Magen- und Darmstörungen, hoher Blutdruck, ja sogar Fett- und Magersucht u. v. a. m. können von den Alltagsnöten herrühren . . .

Einsamkeit

Eine bedrohliche Umwelt sowie wachsender Konkurrenzkampf und Vereinsamung des einzelnen gefährdet Partnerschaft und Ehe. Die vielen Scheidungen sind eine schwere Hypothek für unser Volk. Unruhen und Terror belasten die Psyche des Menschen und das ist der Grund, weshalb so viele an Depressionen und Schizophrenien erkranken.

All diesen Einflüssen und Belastungen kann jedoch ein gläubiger Mensch mit Gottvertrauen standhalten . . .

Der Gute Hirte

Der Gute Hirte ist das Bild der unablässigen Fürsorge Gottes für seine Kinder. Ihm ist nichts zuviel. Er weidet seine Schafe und weiß immer Rat. Das Wohlergehen seiner Herde ist sein vornehmstes Anliegen und an »stillen Wassern« sowie im »finstern Tal« ist er stets da! Allgegenwärtig als Arzt und Seelsorger. Ja viel mehr! Jesus sagt: *»Ich lasse mein Leben für die Schafe.«* Er geht den verlorenen, verängstigten Menschen nach, um sie seiner Herde zuzuführen.

Haben Sie sich seiner Leitung unterstellt? Kennen Sie das Gefühl der Geborgenheit? Wahre Ruhe und Frieden kehren in unser Herz ein. Unter seiner Leitung finde ich Freiheit und völlige Befriedigung. Es ist unvergleichlich, diesem »Guten Hirten« zu gehören. Was das Leben auch immer bringen mag: *»In ihm bin ich geborgen und verborgen, werde wachsen und vorwärtskommen, weil seine liebevolle Stimme mich immer wieder lockt und ich ihm folgen darf.«*

Sehet, welch eine Liebe hat uns der Vater erzeiget, daß wir Gottes Kinder sollen heißen (1. Johannes 3, 1a).

In diese dunkle Welt mit ihren Demonstrationen des Hasses, der Eifersucht, der Eigensucht, bricht das Licht der Ewigkeit. Gott möchte ein jedes von uns herausholen aus jeglicher Verstimmung und Verstumpfung, aus unserer Verneinung und uns hineinziehen in die große Freude.

Nicht Furcht, sondern Gelöstsein von aller Verkrampfung, ein Wieder-Kind-Werden, indem wir den gütigen Vater erkennen, der seinen Sohn gab . . .

Es gibt Zeichen der Kindschaft und davon spricht Johannes in seinem Brief. *»Darum kennt euch die Welt nicht, denn sie kennt ihn nicht«* (Vers 1b). – Wo ein Mensch an die Gabe Gottes, seinen Sohn, glaubt, vollzieht sich eine Verwandlung, die der Welt rätselhaft erscheint und sie verblüfft. Ein Mensch, der Weihnachten echt erlebt, in welchem Jesus geboren wird, erhält die Kraft, das Joch der Sünde abzuschütteln. Ein Kennzeichen für die, die Weihnachten nicht nur mit den Lippen, sondern mit dem Herzen feiern. Wer nicht mehr das Seine sucht, wer sich nicht mehr verbittern läßt, wer Böses mit Gutem vergilt, wer nicht mehr hetzt und nicht mehr haßt, den erkennt die Welt nicht mehr, den staunen sie an, als käme er von einem anderen Stern.

Ich las von einer Begebenheit, die mich zutiefst erschütterte: Ein nordkoreanischer Offizier erschoß die beiden Söhne eines Dorfpfarrers, weil sie Christen waren. Später wurde er gefangengenommen und sollte niedergeschossen werden, wegen Unmenschlichkeit. Plötzlich lief der Pastor zu dem amerikanischen Offizier, der die Exekution vollziehen sollte und bittet um das Leben des Mörders seiner Söhne. »Sie sind tot«, sagt er, »nun soll er mein Sohn sein . . .« Da antwortete der Amerikaner: »Reverend, ich verstehe Sie nicht – aber ich will auch Christ werden.«

Die beiden Offiziere der feindlichen Fronten standen staunend vor einem Menschen, in dem Jesus lebte!

Gottes Liebe zieht Konsequenzen nach sich: *»Dazu ist erschienen der Sohn Gottes, daß er die Werke des Teufels zerstöre«* (Vers 8b).

Eines davon ist Haß und Rachsucht. Viele Menschen möchten die große Politik der Völker ändern, doch laßt uns einmal bei der kleinen Politik unseres Lebens beginnen und zeigen, auf welcher Seite wir kämpfen und mit welchen Waffen.

Wenn Jesus in uns geboren wird, werden wir glückliche Kinder Gottes. *»Siehe ich verkündige euch große Freude, die allem Volk widerfahren wird, denn euch ist heute der Heiland geboren.«*

Es gibt noch eine weitere wunderbare Konsequenz: *»Wir sind nun Gottes Kinder, und es ist noch nicht erschienen, was wir sein werden. Wir wissen aber, wenn es erscheinen wird, daß wir ihm gleich sein werden, denn wir werden ihn sehen wie er ist«* (Vers 2).

Laßt uns hoffnungsvolle Menschen sein, die nicht nur rückwärts, durch den Vorhang der Vergangenheit, schauen; nein, wir leben getrost in der Gegenwart und blicken erwartungsvoll in die Zukunft, in die Ewigkeit: wir werden ihn sehen, wie er ist.

Geborgen in Vaters Liebe

Seit frühester Jugend beschäftigte ich mich mit Gott. Eines Tages durfte ich ihn als gütigen und liebenden *Vater* erfassen. Nichts kann einen Menschen mehr begeistern und befriedigen als ein solches Vaterbild Gottes.

Gemeinschaft mit ihm lehrt, daß unsere Geborgenheit ganz in seiner Liebe wurzelt. Seinen Sohn, seine Schöpfung und sein Wort dürfen wir in vollen Zügen genießen. Er verschenkt sich selbst und macht uns dadurch reich.

Den einzig wahren Trost findet der Mensch bei Gott. In der hoffnungslosesten Situation können wir auf ihn bauen. Wer betet: *»Herr sei mein Helfer«*, wird später bekennen: *»Du hast mir meine Klage verwandelt in einen Reigen, du hast mir meinen Sack ausgezogen und mich mit Freude umgürtet«* (Psalm 30, 11–12).

Gott möchte dein Vater sein!

Mit diesem Vater-Gott kannst du durchs Leben geh'n. Das größte Anliegen Jesu, des Sohnes, war es, uns seinen geliebten Vater zu offenbaren. Er möchte, daß du mit ihm in einem Vertrauensverhältnis lebst. *»Ich habe ihnen deinen Namen kundgetan und will ihn kundtun, damit die Liebe, mit der du mich liebst, sei in ihnen und ich in ihnen«* (Johannes 17, 26).

Gibt es etwas Herrlicheres für uns? Kein Herr-Knecht-Verhältnis sondern Vater-Kind . . . Unser Leben ruht in Gottes Vaterhänden und er hört jedes demütige, in der Einsamkeit gestammelte Gebet. Ja, er hat sogar die Haare unseres Hauptes gezählt (Matthäus 10, 30).

Wer den Allmächtigen als seinen Vater erkennt, hat Grund genug, ein Leben lang zuversichtlich zu sein.

Im Begriff *»Vater«* ist die ganze Erlösungsgeschichte enthalten. Du darfst »Vater« sagen, weil *»Gott die Welt geliebt hat, daß er seinen eingebornen Sohn gab, auf daß alle die an ihn glauben, nicht verloren werden, sondern das ewige Leben haben« (Johannes 3, 16)*.

Gottes Liebe, die uns der Sohn offenbart in allen Phasen seines Lebens, zeigt ihre ganze Tragkraft am Kreuz von Golgatha. Gott schaute zu, wie sie seinen Sohn schlachteten – und entschied sich für uns.

»Sehet welch' eine Liebe hat uns der Vater erzeiget, daß wir Gottes Kinder sollen heißen, und es auch sind!« (1. Johannes 3, 1).

Jesus möchte unbedingt, daß wir die Liebe des Vaters erkennen und erwidern! Er lehrte seine Jünger: *»An dem Tage werdet ihr bitten in meinem Namen. Und ich sage euch nicht, daß ich den Vater für euch bitten will, denn er selbst der Vater hat euch lieb, darum daß ihr mich liebet und glaubet, daß ich von Gott ausgegangen bin«* (Johannes 16, 26–27).

Vor einigen Jahren mieteten wir an der Adria ein Hausboot. Eines Abends, vom kleinen Deck des Schiffes aus, sahen wir das Meer von Horizont bis Horizont. Es war für uns ein anschauliches Bild für die Länge und Breite der Liebe Gottes. Es fing an Nacht zu werden. Die ersten Sterne wurden sichtbar und ich erzählte meinen Söhnen einiges über sie. Als wir so zum Himmel aufschauten und kein Ende sahen, staunten wir über den Schöpfer und seine unendliche Liebe. Ich erklärte ihnen auch, daß Gott unsere Sünden ins tiefste Meer wirft, ja einige tausend Meter tief. Plötzlich fühlten wir uns in der Mitte der Liebe Gottes, wunderbar geborgen. Gott über uns, unter uns, links und rechts von uns, *»du umgibst mich von allen Seiten und hältst deine Hand über mir«* – (Psalm 139, 5).

Lieber Leser, von der richtigen Gotteserkenntnis hängt alles ab, sogar unser ewiges Leben.

Der menschgewordene Gottessohn ist gekommen, um uns den Vater in seiner ganzen Güte, Geduld und Barmherzigkeit zu offenbaren. *»Das ist aber das ewige Leben, daß sie dich, der du allein wahrer Gott bist, und den du gesandt hast, Jesus Christus, erkennen«* (Johannes 17, 3).

Gebet: Vater, laß mich heute Stunde um Stunde erleben, daß du mich hütest und leitest. Ziehe du mich immer wieder neu zu dir und meinem Nächsten hin und laß mich ein geschriebener Brief deiner Liebe und Gnade sein.

Das neu geschenkte Leben

Es war vier Uhr nachmittags. Es war neblig, düster und verhangen. Endlich saßen wir im Wagen und freuten uns auf die paar wohlverdienten Tage der Ruhe. »Nur noch drei Stunden« dachte ich erleichtert, »dann sind wir in den Bergen.« Aus Deutschland waren noch Freunde angereist. Sie hatten ein schweres Herz und erhofften sich seelsorgerlichen Rat von mir. – Im Gebet erbaten wir seine Weisheit. – Auf einmal erkannten wir eine Möglichkeit. Ein Ausweg wurde sichtbar. Wir dankten Gott, der hören kann und erhört.

So war es 16 Uhr geworden und nun fuhren wir in den Urlaub. Gelöst, ja angeregt plauderten wir über dies und das. – »Sonja, stell dir vor, was ich bei meiner letzten Fahrt in den Norden erlebte« . . .

Aufmerksam hörte sie mir zu. »Während einer Stunde wurde durchs Radio eindringlich gewarnt: Rechts fahren! Nicht überholen! Geisterfahrer unterwegs! Konnte noch nicht gestoppt werden.« Ich erzählte, befand mich in einer Kurve; hatte ein Überholmanöver eingeleitet. Und plötzlich kam mir ein Auto mit erhöhter Geschwindigkeit entgegen. Das, was ich soeben erzählte, erlebte ich nun wahrhaftig. Entsetzt riß ich das Steuer herum. Quietschend rutschte ich an die andere Seite der Autobahn. Ich bremste und stand. Der ausländische Wagen sauste knapp an mir vorbei.

Zitternd und stumm saßen wir da . . .

»Welch eine Reaktion«, sagte Sonja.

»Welch eine Bewahrung«, sagte ich.

»Wenn ich nicht eben davon gesprochen hätte, so wäre dieses Manöver nicht auszuführen gewesen.« Der Herr hatte mich auf die Gefahr vorbereitet.

»Sonja, wir leben! Der Herr hat uns das Leben neu geschenkt.«

Wir dankten unserem Gott: »Herr du willst uns noch gebrauchen und in dieser Welt einsetzen! Hilf uns, immer fruchtbarer zu werden!«

Nicht altern, sondern reifen

Vor Jahren hatte ich in Genf ein »Rendez-vous« mit einem Jugendleiter namens Fasana. Als ich ihn sah, war ich entsetzt: Offensichtlich ging er auf die siebzig zu. Auf meine zynische Frage, ob er der Jüngste seiner Gruppe sei, antwortete er mir trocken: »Jawohl«. Ich lernte ihn und seine Teenager ausgiebig kennen . . . Er hatte nicht zuviel gesagt. Diese Kinder hingen mit einer Begeisterung an diesem junggebliebenen Alten und freuten sich über seine spontanen Einfälle, seine rege Phantasie und seine väterlich-seelsorgerliche Art, daß ich nur noch staunen konnte . . . Eines wurde mir dabei klar: Alt sein ist nicht unbedingt eine Frage der Jahre. Es gibt viele junge Greise und viele junggebliebene Betagte. Die Letzteren kennen die göttliche Quelle der Kraft! Hier gibt es kein Energieproblem.

Was einen Menschen alt macht und ihn verzehrt, das sind Nöte, Probleme und Sorgen. Nicht die Schicksalsschläge an und für sich, sondern die Art und Weise wie wir dieselben aufnehmen und verkraften, hier liegt das Problem!

Darüber schreibt Dr. med. Paul Tournier in seinem bekannten Buch »Krankheit und Lebensprobleme«, auf Seite 15 folgendes: »Jeder Mensch hat seine Probleme, jedes Herz seine erschütternden Erlebnisse.« – »Der Mensch stirbt nicht, er tötet sich selbst«, sagte einmal ein Arzt. Wenn wir von den Problemen, die uns am meisten quälen, so selten sprechen, so haben wir eben meistens die Hoffnung verloren, ihre Lösung zu finden . . .

Gott hat einen Plan für unser Leben, wie er einen Plan für die Welt hat. Und wie die Welt heute krank ist, weil sie den Gesetzen Gottes nicht gehorcht, so sind auch die Menschen krank, weil sie nicht nach dem Plan Gottes leben . . .

Jeder Ungehorsam gegen den Plan Gottes in leiblicher, seelischer oder sittlicher Beziehung ist ein Lebensfehler und zieht seine Folgen nach sich . . .

Behandelt den Kranken und nicht die Krankheit . . .

Denn von zwei Patienten, die von der gleichen Krankheit befallen sind, wird der eine rasch gesund, während der andere wegen irgendeines verborgenen Kummers, der seinen Lebenswillen lähmt, nicht genesen wird.

Aber den Kranken und nicht die Krankheit behandeln heißt, in die Probleme des Lebens eindringen, die unsere Kranken uns oft verbergen, um sie selber nicht sehen zu müssen.«

Ja es stimmt: »Was der Mensch sät, muß er ernten.« – »So wie man sich bettet, so liegt man.« Dennoch, es gibt einen Ausweg, es gibt eine Hilfe: »Die Strafe liegt auf ihm auf daß wir Frieden hätten . . .«

Jesus will dich lösen, er will bei dir sein alle Tage und wenn du dann reif bist, wirst du gepflückt; heimgeholt in die ewigen Hütten.

Im Psalm 39 betet David: *»Aber Herr, lehre doch mich, daß es ein Ende mit mir haben muß und mein Leben ein Ziel hat und ich davon muß. Siehe, meine Tage sind einer Hand breit bei dir . . . Wie gar nichts sind alle Menschen, die doch so sicher leben! (sela).«* Ich kenne solche selbstsichere Menschen! »Sie brüsten sich wie ein fetter Wanst!« Sie gebärden sich so, als würden sie ewig leben; doch plötzlich sind sie weg . . .

David aber sagt noch in seinem Lied: *»Ich hoffe auf dich.«* Wie wir wissen, hat er das Ziel erreicht und ist König geworden. Mit Gott rechnen und ihn um Wegweisung bitten, gläubig warten und zur rechten Zeit sichere Schritte tun, das heißt das Leben meistern und erfolgreich bleiben. Nicht altern, sondern reifen . . .

Im Psalm 92 steht: *»Der Gerechte wird grünen wie ein Palmbaum, er wird wachsen wie eine Zeder auf dem Libanon.*

Die gepflanzt sind in dem Hause des Herrn, werden in den Vorhöfen unseres Gottes grünen.

Und wenn sie gleich alt werden, werden sie dennoch blühen, fruchtbar und frisch sein.«

Lieber Leser, nicht die Umstände machen uns glücklich oder unglücklich, sondern unser eigenes Herz!

Aus der Ausweglosigkeit in einen hellen Morgen! Hoffnung!

Gott ist in der Lage, einen Menschen aus dem dunklen Gestern in ein helles Morgen zu führen. Wer IHN zu seinem Weg macht, der geht lichten Zeiten entgegen. Wir sind Realisten und sehen die Zukunft so ernst wie sie in Wirklichkeit auch ist und doch haben wir Christen keinen Grund zur Panik. Laßt uns doch die Versprechen Gottes ernst nehmen: *»Suchet zuerst das Reich Gottes und alles andere (das was wir brauchen zum täglichen Leben) wird euch hinzugegeben werden!«*

Als Salz der Erde – durch IHN sind wir es geworden – können wir diese bedrohte Welt vor der Fäulnis bewahren. ER, das Licht, befähigt uns Licht hier unten zu sein. Von IHM empfangen wir die Kraft mehr und mehr gegen den Strom zu schwimmen. Wir wissen: *Die Zukunft heißt Jesus Christus* oder sie findet nicht statt. Wir verschreiben uns nicht dem illusionären Optimismus jenes Dachdeckers, welcher vom vierten Stock fallend, beim zweiten Stock denkt: »Bis jetzt ist ja noch alles gut gegangen.« Wir wissen, daß unsere Welt arm an Zuversicht ist und daß Depressionen sie bestimmen, doch wir, wir sind nur in der Welt, *aber nicht von der Welt.* Für uns gilt, was in Jesaja 40, 30 steht: *»Die uneingeschränkt auf den Herrn ausgerichtet sind, gewinnen neue Kraft, daß sie sich aufschwingen können wie mit Adlerschwingen, daß sie eilen können und nicht müde werden, daß sie vorwärts schreiten und keine Kraft verlieren.«* Eines darf ich wissen, mein Gott kann auch meine Lebenssituation sehen. In IHM wird alles neugestaltet und auch in schwierigen Zeiten ist ER unsere glücklichmachende Zuversicht. Kein Zweckoptimismus sondern Gottvertrauen!

Wir erwarten Jesus Christus. Mit seinem Erscheinen beginnt eine neue Welt, das Reich Gottes, der Sieg über den Tod und die Schmerzen. ER schafft in uns die neue Kreatur, so daß uns sogar das Sterben zum Gewinn wird, weil Christus unser Leben wurde. Beim Kreuz ist Erlösung, Trost und Gewißheit; in seinem Schatten findest du Ruhe, Frieden und Freiheit. Lege deine Hand in seine Hand und vertraue dich seiner Führung an.

Die Frucht des Heiligen Geistes
Die Liebe (Galater 5, 22)

»Denn ihr, meine Brüder, seid zur Freiheit gerufen; nur machet die Freiheit nicht zu einem Vorwand für das Fleisch, sondern durch die Liebe dienet einander. Denn das ganze Gesetz wird in einem Worte erfüllt, in dem: »Du sollst deinen Nächsten lieben wie dich selbst.« Wenn ihr einander aber beißet und fresset, so sehet zu, daß ihr nicht voneinander verzehrt werdet! Ich sage aber: Wandelt im Geist, so werdet ihr die Lüste des Fleisches nicht vollbringen. Denn das Fleisch gelüstet wider den Geist und den Geist wider das Fleisch; diese widerstreben einander, so daß ihr nicht tut, was ihr wollt. Werdet ihr aber vom Geist geleitet, so seid ihr nicht unter dem Gesetz. Offenbar sind aber die Werke des Fleisches, welche sind: Ehebruch, Unzucht, Unreinigkeit, Ausschweifung, Götzendienst, Zauberei, Feindschaft, Hader, Eifersucht, Zorn, Ehrgeiz, Zwietracht, Spaltungen, Neid, Mord, Trunkenheit, Gelage und dergleichen, wovon ich euch voraussage, wie ich schon zuvor gesagt habe, daß die, welche solches tun, das Reich Gottes nicht ererben werden. DIE FRUCHT DES GEISTES ABER IST LIEBE, FREUDE, FRIEDE, GEDULD, FREUNDLICHKEIT, GÜTIGKEIT, TREUE, SANFTMUT, ENTHALTSAMKEIT. Gegen solche Dinge gibt es kein Gesetz. Welche aber Christus angehören, die haben das Fleisch gekreuzigt samt den Leidenschaften und Begierden. Wenn wir im Geiste leben, so lasset uns auch im Geiste wandeln. Laßt uns nicht nach eitlem Ruhme gierig sein, einander nicht herausfordern noch beneiden!« (Galater 5, 13–26).

Unserer menschlichen Natur sind Sanftmut, Geduld oder Liebe, welche alles hofft, alles glaubt, alles duldet und nimmermehr aufhört – sich der Wahrheit freut und nicht der Ungerechtigkeit – zutiefst zuwider.

Die Frucht des Geistes muß durch Gott gewirkt und zur völligen Reife in uns gebracht werden. Das hier zitierte Wort »LIEBE« ist nicht die Wiedergabe des griechischen Begriffs »eros«. Kein leidenschaftliches Verlangen, sondern »agape« – grenzenlose Güte und unbesiegbares Wohlwollen. Ein einziger Mensch konnte auf sich hinweisen und sagen: *»Lernet von mir . . .«* Wer Jesus sieht, der erblickt die Frucht des heiligen Geistes in einem Menschen voll ausgereift!

Liebe im Sinn von »agape« ist das totale Suchen des andern, nicht um ihn zu beherrschen oder zu besitzen. Sie respektiert seine Freiheit und liebt gratis. Sie fordert nichts und fragt nicht nach Lohn. Sie will sich bedingungslos verschenken, denn »geben ist seliger denn nehmen«. Sie ist ausdauernd und freundlich. Sie eifert und prahlt nicht; sie bläht sich nicht auf und tut nichts unpassendes. Sie sucht nicht das ihre.

»Agape« ist mit »eros« nicht zu verwechseln. »Agape« ist ein positives Streben zum andern hin, ohne immer recht haben zu müssen oder besserwissen zu wollen, ohne Streitsucht und Unnachgiebigkeit.

»Agape« ist Gott in und durch Jesus Christus. Sie ist das große Bundesgeschehen zwischen dem allmächtigen Gott und dem kleinen Menschen. In der totalen Freiheit gab ER sich her, um in uns Vater und Erretter zu werden.

»Agape« vereinigt Gott und den Menschen vollkommen. In dieser Liebe ist keine Furcht; sie treibt alle Angst aus, weil Gott durch sie den Menschen um seiner selbst willen gesucht und sich selbst ein für allemal für ihn dahingegeben hat.

Jesus Christus ist die vollkommene Liebe; Gottes Walten und Tun, ja seine Hingabe. Diese Erkenntnis können wir uns selbst nicht nehmen, nicht erarbeiten oder beschaffen. Der Geist der Wahrheit muß es uns offenbaren. Wir müssen über unsere Beschränktheit hinausblicken.

»Eros« ist beim Menschen vorauszusetzen; »agape« aber niemals. Sie kann lediglich als Geschenk empfangen werden. Diese Liebe Gottes ist in Christo Jesu, unserem Herrn (Römer 8, 39b). Sie ist also dort, wo er ist, wirkt und redet.

Was in ihr oder durch sie geschieht, ist ein gutes Werk und wird Bestand haben. Diese Liebe will retten. Wer seinen Namen anruft, lebt!

Die vollkommene Liebe ist auch der Himmel und unsere Sehnsucht. Durch sie wollen wir uns hier unten orientieren lassen. Zu finden ist sie in Jesus Christus, in welchem der Bund zwischen Gott und dem Menschen erfüllt ist.

Eva von Tiele-Winckler erläutert die Frucht des Geistes mit einem Zusatz, der »Liebe« umschreibt:

»Die Frucht des Geistes ist:
Liebe!
Freude – Freude ist jubelnde *Liebe!*
Friede – Friede ist ruhende *Liebe!*
Geduld – Geduld ist tragende *Liebe!*
Freundlichkeit – Freundlichkeit ist leuchtende *Liebe!*
Gütigkeit – Gütigkeit ist mitteilende *Liebe!*
Treue – Treue ist ausharrende *Liebe!*
Sanftmut – Sanftmut ist wehrlose *Liebe!*
Keuschheit – Keuschheit ist reine *Liebe!*

Mir ist Gnade widerfahren – Gnade, deren ich nicht wert . . .

Gnade finden, heißt mehr als geschont werden, mehr als milde oder nachsichtig behandelt werden; Gnade vor Recht ergehen lassen, das heißt: Straferlaß und unverdienter Freispruch, weil sich ein anderer für uns stellvertretend richten ließ, aus Liebe zu uns. Der Liederdichter hat es erfaßt und beweist damit, daß er ein echtes Gotteskind ist, wenn er jubiliert: »Mir ist Gnade widerfahren, Gnade, deren ich nicht wert . . .«

Ich möchte mich dieser Feststellung voll und ganz anschließen. Ich möchte loben und preisen und IHM *alle* Ehre geben! Er hat mich Schuldigen nicht hingerichtet, sondern aufgerichtet und deshalb will ich mit dem Psalmisten ausrufen: »Wohl dem, dem die Übertretungen vergeben sind, dem die Sünde bedeckt ist! Wohl dem Menschen, dem der Herr die Missetat nicht zurechnet . . .!!« (Psalm 32, 1–2). Lieber Leser, gehörst du auch zu diesen glückseligen Menschen, oder schleppst du deine Sündenlast, dein schlechtes Gewissen, immer noch mit dir herum? Die Schrift sagt: »Wenn eure Sünde gleich blutrot ist, soll sie doch schneeweiß werden . . .« (Jesaja 1, 8).

Vielleicht flüstert der Feind dir dauernd ins Ohr: »Für dich ist das nicht! Du bist viel zu schlecht! Viel zu oft hast du schon Versprechungen gemacht und doch nicht gehalten! Jetzt ist es für dich zu spät . . .!« Freund, ich sage dir: »Der Teufel lügt, er ist der Vater der Lüge und log von Anfang an! Leihe ihm dein Ohr nicht, wenn er dich bei dir selber verklagt! Glaube dem Worte Gottes, denn es ist die Wahrheit!«

Es steht geschrieben: »So wir aber unsere Sünden bekennen, so ist er treu und gerecht, daß er uns die Sünden vergibt und reinigt uns von aller Untugend« (1. Johannes 1, 9). Wir dürfen also jederzeit mit »Freimütigkeit zu dem Gnadenstuhl kommen, auf daß wir Barmherzigkeit empfangen und Gnade finden auf die Zeit, wenn uns Hilfe not sein wird« (Hebräer 5, 16).

Dieser Gnadenstuhl ist Jesus. Für IHN ist keine Schuld zu groß, denn »wo die Sünde mächtig geworden ist, da ist doch die Gnade noch viel mächtiger (stärker) geworden« (Römer 5, 20b). Komme zu IHM! Bei IHM wirst du Ruhe finden, wenn du in IHM bleibst.

Göttliche Liebe!

»Die Liebe ist langmütig (ausdauernd) und freundlich, die Liebe eifert nicht, die Liebe treibt nicht Mutwillen, sie blähet sich nicht, sie stellt sich nicht ungebärdig, sie suchet nicht das Ihre, sie läßt sich nicht erbittern, sie rechnet das Böse nicht zu, sie freut sich nicht der Ungerechtigkeit, sie freut sich aber der Wahrheit;
sie verträgt alles, sie glaubet alles, sie hoffet alles, sie duldet alles. DIE LIEBE HÖRT NIMMER AUF...« (1. Korinther 13, 4–8).

Wer diese Sätze liest und darüber nachdenkt, der fühlt, um was es hier geht, nämlich um den Höchsten selbst! *Gott ist Liebe!* Und deshalb Urquell und Urbild dieser alles bewegenden Kraft! Nein, hier ist nicht von Sympathie die Rede oder von einem egoistischen Eros, sondern von dem höchsten Geschenk Gottes an den Menschen. Der menschlichen Liebesarmut setzt Gott seinen Sohn, Jesus Christus, entgegen und seine Liebe in uns wird zur Antriebskraft unseres Denkens, Redens und Handelns. Ja, sie umfaßt Zeit und Ewigkeit, denn »die Liebe höret nimmer auf.«

Der Lieblingsjünger Johannes sagt uns in seinen Kurzbriefen wesentliches über die Liebe. In seinem ersten Brief steht ein Felsenwort auf welches wir gründen können: »Wir haben erkannt und geglaubt die Liebe, die Gott zu uns hat. Gott ist Liebe; und wer in der Liebe bleibt, der bleibt in Gott und Gott in ihm« (1. Johannes 4, 16).

Dieser Vers zeigt Gottes uneingeschränkte Selbsthingabe! Wer liebt, gibt; auch wenn es sein wertvollstes ist! Das tat der Vater: Er sandte seinen eingeborenen Sohn in die Welt, nicht um sie zu richten, sondern um sie durch IHN selig zu machen (Johannes 3, 17).

Er wußte zwar, daß dieses Rettungsunternehmen tödlich ausgehen würde, aber dennoch hat er es getan, um uns zu erlösen! Dieser grenzenlosen Liebe mußt du »glauben«, dann hört dein gesetzliches, verkrampftes Christentum endlich auf und du wirst ein freudiges und aktives Gotteskind, das Taten wagt durch diesen Liebesglauben!

Seit Jesus den »Zaun« wegnahm, die Brücke schlug, die Trennmauer niederriß, welche zwischen Gott und uns war, haben wir freien Zutritt zum Vater. »An demselben Tage werdet ihr bitten in meinem Namen. *Und ich sage euch nicht, daß ich den Vater für euch bitten will; denn er selbst, der Vater, hat euch lieb, weil ihr mich liebet und glaubet, daß ich von Gott ausgegangen bin«* (Johannes 16, 26–27).

Viele Gläubige glauben an die Liebe Jesu, aber vor Gott dem Vater scheuen sie sich. Sie beten auch immer nur zum »lieben Heiland« und vergessen ganz, daß er, Jesus, uns lehrt zum Vater zu beten in seinem Namen. Ich bete zum Vater, rede aber auch oft mit dem Sohn, denn er ist ja bei mir alle Tage, bis an der Welt Ende.

Jesus, die Person gewordene Liebe Gottes, ist für uns Anfang unseres Glaubenslebens; er ist auch die Mitte, das heißt Grund unseres Seins und er ist auch Ende, Vollendung, endliches Ziel, denn in ihm »leben, weben und sind wir« für Zeit und Ewigkeit. Wirst du verklagt, beschuldigt, von Menschen verurteilt? Sei nur still! Er macht das alles zunichte. »Ist Gott für uns, wer mag wider uns sein?« (Römer 8, 31).

Ja, Gott ist für dich! Dieser Glaube an seine Liebe, Gnade und Barmherzigkeit ist Kraftquelle höchster Potenz!

Darum, lieber Leser, »lasset uns *IHN lieben,* denn er hat uns zuerst geliebt« (1. Johannes 4, 19).

Freude, die nie vergeht

Der Bestand der Welt ist in der Freude Gottes gegründet.
Joh. Calvin

Viele moderne Bücher gibt es, die sich mit positiver Lebensgestaltung befassen; sie wissen um die Kraft unserer Gedanken sowie der Willensbildung und sie kennen sogar unfehlbare Wege zu Erfolg und Reichtum. Wenn ich dennoch – ungeachtet allem schwarz auf weiß fixierten menschlichen Wetterleuchten – dem ältesten Buch der Menschheit den Vorzug gebe, dann deshalb, weil nur die Bibel vom wahren, glücklichen und überströmenden Leben berichtet und uns den Weg weist zum Quell nie versiegender Lebensfreude.

Der Apostel Paulus schreibt an die Gläubigen zu Philippi: »Freuet euch in dem Herrn allewege! Und abermals sage ich: Freuet euch!« Die Freude ist ein gehobenes Lebensgefühl, welches uns befähigt, unsere Lebensstraße beschwingt zu durchschreiten. Oftmals haben Tiere die Fähigkeit, uns zu zeigen, was wirkliche Freude ist. Ich besuchte nach langer Zeit wieder einmal ein mir bekanntes Ehepaar. Ohne Zweifel brachte mein Erscheinen eine willkommene Abwechslung in den grauen Alltag dieser beiden alten Leutchen. Doch ihr Schäferhund bekundete eine solch unbändige Freude, mich wiederzusehen, daß mir eines klar wurde: Rex besitzt unverkennbar das Geheimnis tiefer Freude. Und plötzlich wurde mir auch der Unterschied bewußt zwischen ihm und seinem bekümmerten, deprimierten Herrn, der kaum mehr die Regung eines wahren Gefühls zeigen konnte.

Solltest nicht gerade du dieses innere Gefühl des Wohlbefindens haben? Du und ich – wir brauchen Kraft für unser tägliches Leben. Wir sind berufen, die Widerwärtigkeiten und Schicksalsschläge zu überwinden. ». . . Der Herr ist der Grund unseres frohen Sinnes und mit David können wir singen: »Du tust mir kund den Weg zum Leben; vor dir ist Freude die Fülle und liebliches Wesen zu deiner Rechten ewiglich« (Psalm 16, 11).

In Genf besuchte ich des öfteren ein dreiundachtzigjähriges Großmütterchen im Altersheim. Sie besaß dieses Hochgefühl in ihrem Herzen. Nie hörte ich sie schimpfen oder klagen, nie ihre Mitmenschen kritisieren oder richten. Gestärkt und erfrischt verließ ich jedesmal dieses Heim. Sie lebte nach dem biblischen Rezept: . . . was wahrhaftig ist, was ehrbar, was gerecht, was keusch, was lieblich, was wohllautet, ist etwa eine Tugend, ist etwa ein Lob, dem denket nach!« (Philipper 4, 8).

Ein bekannter Psychologe sagte kürzlich: »Niemand kann glücklich sein, wenn er keine Gedanken der Zufriedenheit und des Glückes *pflegt.*« Wie recht er hat! Unsere Gedanken schwirren pausenlos umher. Was denken wir den ganzen Tag? Sind es wahrhafte, ehrbare, gerechte, keusche und liebliche Gedanken? Kannst du dich noch über ein echtes Kompliment freuen und auch einmal ein Lob austeilen? Oder schimpfst du nur, wenn die Suppe etwas versalzen ist? Deine Gedanken sind bestimmend für das Glück deines Lebens und jeder Tag davon ist ein selbständiger Lebensabschnitt. Die beiden wichtigsten Augenblicke dieses kurzen Zeitabschnittes sind der Morgen und der Abend. Gerade wenn du erwachst, ist es von größter Notwendigkeit, daß du mit einem Dankgebet beginnst. Und kurz vor dem Einschlafen darfst du den verflossenen Tag dem Herrn wieder hinlegen. Für die begangenen Fehler um Verzeihung bitten, um dann kindlich vertrauend einzuschlummern. Menschen, denen das Leben mit Christus ein persönliches Erlebnis geworden ist, sind gewiß, es mit einem liebenden und vergebenden Vater im Himmel zu tun zu haben. Nimm dir David zum Vorbild, der sagen konnte: »Wenn ich mich zu Bette lege, so denke ich an dich; wenn ich erwache, so rede ich von dir. Denn du bist mein Helfer, und unter dem Schatten deiner Flügel frohlocke ich« (Psalm 63, 7. 8).

Friede – schafft Einigkeit!

Das altdeutsche Wort »fri« bedeutet »lieb« und so sehen wir, daß Friede ein Zustand ist, der sich auf die Liebe gründet.

Wer sich in einer »ruhenden Liebe« bewegt, der entgeht Depressionen und deren Ursachen. Depressionen, diese am meisten verbreitete »Zivilisationskrankheit« unserer Tage, ist das Gegenteil der inneren Herzensruhe, die ein Kind Gottes haben kann und welche ihm auch im Alltagskampf dieser Welt nicht verloren zu gehen braucht.

Anläßlich eines Interviews fragte man Prof. Dr. Paul Kielholz: »Warum nehmen die depressiven Erkrankungen weltweit zu?« Hier seine Antwort: »Ich nehme nur ein paar Schlagworte: Lärm, Unruhe, Hetze, Konkurrenzkampf, Materialismus, Mißachtung der Gemütskräfte, VERLUST DER RELIGIÖSEN BINDUNGEN, Zerfall der Familie, der mit der Motorisierung und überhaupt mit allen technischen Entwicklungen zusammenhängt. Das wäre *eine* Gruppierung. Hinzu kommt die Überalterung. Je älter ein Mensch ist, desto eher ist er für Depressionen disponiert. Das hat seinen Grund im Bewußtsein um die Nähe des Todes …!

um die Nähe des Todes . . .!

Wir Ärzte befürchten ernsthaft, daß wir uns einer Epoche nähern, in der der Mensch zwar körperlich gesund, aber mit der Zeit psychisch krank wird.«

Es ist höchte Zeit, daß die Menschen das Locken unseres Herrn Jesus Christus vernehmen und seiner Einladung Folge leisten!

Er rief aus: »Kommet her zu mir alle, die ihr mühselig und beladen seid, ich will euch erquicken« (Matthäus 11, 28).

Nur bei ihm ist Ruhe und Frieden zu finden!

In ihm selbst ist völlige Harmonie.

Durch Christus bist du mit Gott versöhnt: »Die Strafe liegt auf ihm, auf daß wir *Frieden* hätten, und durch seine Wunden sind wir geheilt . . .« (Jesaja 53, 5).

Du bist also straffrei! Paulus schreibt den Ephesern: . . . »denn er ist unser Friede . . .!« (Epheser 2, 14). Jesus hat dir den

Zugang zum Vater erwirkt. Er hat Frieden gemacht durch sein kostbares Blut.

In einer seiner Abschiedsreden sagte Jesus: »Den Frieden lasse ich euch, meinen Frieden gebe ich euch . . .« (Johannes 14, 27).

»Solches habe ich zu euch geredet, daß ihr in mir Frieden habt – in der Welt habt ihr Angst, aber seid getrost, ich habe die Welt überwunden.«

Lieber Leser, die »Weltangst« und der Existenzkampf sind es, welche bewirken, daß die psychiatrischen Kliniken immer überfüllter werden.

Es gibt auch Gläubige, welche nicht in die Friedensruhe hineingefunden haben. Bist du drin, lieber Leser? Oder wirst du noch von Hektik und Furcht umhergetrieben? Gottes Wort ermahnt und sagt: »So lasset uns nun Fleiß tun, einzukommen zu dieser Ruhe . . .« (Hebräer 4, 11).

Wie komme ich in die Harmonie mit dem Unendlichen hinein?

Gottes Imperativ an uns lautet: *»Sorget nichts!«* Du mußt endlich *glauben, daß du einen sorgenden Vater hast,* der dir diese Pein und Last abnimmt! An die Stelle des »Sorgens« setzt der Herr die Zwiesprache mit ihm . . .! »Sondern in allen Dingen laßt eure *Bitten* im Gebet und Flehen mit *Danksagung* vor Gott kundwerden.

Dann wird der *»Friede Gottes,* welcher höher ist als alle Vernunft, eure Herzen und Gedanken in Christus Jesus bewahren!« (Philipper 4, 6–7).

Hier berührt also Paulus *den schwierigsten Punkt: die Gedanken!* Zuerst berichtet er von sich: »Ich vergesse, was dahinten ist . . .« (Philipper 3, 13). Alles Schwere, Belastende, alles Negative, die schrecklichen Enttäuschungen, all das, was die ätzenden Säuren des Alltags ausmachen. Wer das nicht tut, kommt nie vorwärts! Er bleibt in der Wüste und geht im Kreis herum wie die Israelkinder. Sie hatten zwar vom gelobten Land gehört, doch waren sie unfähig, ihre Füße auf den Boden der Verheißung zu stellen.

Willst du auch vierzig Jahre in der sengenden Hitze verbringen? Überschreite doch den Jordan: Komme mit ins Land der Freude und des Friedens, dorthin, wo Milch und Honig fließt!

Nach dem Vergessen, dem »sich entlehren«, kommt das Neue: *»Vergiß nicht, was er dir Gutes getan hat!« (Psalm 103).*

Denke dem nach! Dann wirst auch du sagen können: *»Ich liege und schlafe ganz mit Frieden, denn allein du, Herr, hilfst mir, daß ich sicher wohne«* (Psalm 4, 9).

Ist alles umsonst?

»Wenn der Herr nicht das Haus baut, so arbeiten umsonst, die daran bauen. Wenn der Herr nicht die Stadt behütet, so wacht der Wächter umsonst. Es ist umsonst, daß ihr früh aufsteht und hernach lange sitzt und esst euer Brot mit Sorgen – denn seinen Freunden gibt er es im Schlaf (Psalm 127, 1–2).

Wer diese Einsicht hat, und daraus für sein Leben die nötigen Konsequenzen zieht, ist ein glücklicher Mensch.

Dein ganzes Planen, Wirken und Handeln wird nur dann von wirklichem Erfolg gekrönt, wenn du all dein menschliches Tun in Gottes Hand und Führung legst. Der Herr möchte dich vor Fehlschlägen und zermürbenden Sorgen bewahren. Lege doch dein Vorhaben vertrauensvoll in seine Hand und er wird es zum Ziel führen! Salomo hat das in seinem erfahrungsreichen Leben erfassen dürfen! *Bist du ein Freund Gottes?* Wenn ja, gibt er es dir im Schlaf, das heißt: Du bittest, vertraust, glaubst und bleibst in der herrlichen Ruhe Gottes und wartest auf das, was ER vollbringt. Du darfst wissen, daß ER nur Gedanken der Liebe für dich hegt, weil ER ja ein gütiger Vater ist!

Jesus sagt im neuen Bund: *»Ich bin der Weinstock, ihr seid die Reben. Wer in mir bleibt und ich in ihm, der bringt viel Frucht, denn ohne mich könnt ihr nichts tun«* (Johannes 15, 5).

Der Apostel Paulus hat diese tiefe Wahrheit erkannt und das ist sein Geheimnis des Erfolges! *»Nicht, daß wir tüchtig sind von uns selber, etwas zu erdenken als von uns selber, sondern daß wir tüchtig sind ist von Gott, welcher uns auch tüchtig gemacht hat zu Dienern des neuen Bundes, nicht des Buchstabens, sondern des Geistes. Denn der Buchstabe tötet, aber der Geist macht lebendig«* (2. Korinther 3, 5).

Das heißt also: Nicht du bist tüchtig, sondern ER! Nicht du vollbringst, sondern Jesus in dir und durch dich! Das befreit dich von allem Erfolgszwang und macht dich abwartend ruhig! Du weißt es gewiß: Segen ist Glück, Freude und Wohlergehen schon hier auf dieser Welt und ewiges Leben, ja Gott schauen für alle Zeit. Lieber Leser, das Schönste kommt ja erst noch . . .!

Segen bedeutet auch innere Überlegenheit, die aus der Weisheit herrührt, welche bibelkundige Kinder Gottes besitzen.

Vom Segen Gottes hängt alles ab . . .

»Dein Wort macht mich klug, darum hasse ich alle falschen Wege.« Gesegnet sein heißt: Wandeln im Licht . . . *»Dein Wort ist meines Fußes Leuchte und ein Licht auf meinem Wege«* (Psalm 119, 105).

Wenn der Apostel Paulus in seine hymnische Lobpreisung ausbricht und den Ephesern zujubelt: *»Gelobt sei Gott, der Vater unseres Herrn Jesus Christus, der uns gesegnet hat mit allerlei geistigem Segen in himmlischen Gütern durch Christus . . .«* (Epheser 1, 3), so geht er hier weit über das hinaus, was man schlicht unter irdischem Glück versteht. Gottes Segen (wörtlich) »in der Himmelswelt« bedeutet: Ich bin erwählt vor Grundlegung der Welt. Ich bin sein Kind und nichts und niemand kann mich aus seiner Hand reißen! Ich bin begnadigt und erlöst! Meine Sünden sind mir vergeben. Ich bin Erbe der himmlischen Herrlichkeiten. *DAS,* lieber Leser, »ist geistlicher Segen in himmlischen Gütern durch Christus!«

Alle diese Geschenke Gottes haben ihren Bezugspunkt in Jesus!

Er ist wirklich der »Herr«, der »Kyrios« (griech.) unseres Lebens. Er möchte in deinem Leben »dominieren« (lat. Dominus = Herr) und dich überströmend segnen!

Lieber Leser, bist du ein »Gesegneter«? Dann wirst du zur Schar gehören, welche zur Rechten des Königs stehen wird und denen der »Kyrios« dann zuruft: »Kommt her, ihr Gesegneten meines Vaters, ererbt das Reich, das euch bereitet ist von Anbeginn der Welt! (Matthäus 25, 34).

Erfülltes Leben in Jesus – Buddha oder Christus?

Für mich war die Frage nach dem Sinn des Lebens letztlich die Frage nach Gott. Ohne Jenseits oder ein Leben nach dem Tode wäre unsere Existenz sinnlos. Ich habe diesen Gott nicht deshalb gesucht und mich von ihm finden lassen, weil es mir schlecht ging, – oder etwa aus Furcht vor Strafe –, sondern weil Seine Liebe, welche ER in Jesus Christus uns offenbarte, mich überwältigte. Ich brauche einen Freund, dem ich alles anvertrauen kann – einen, der mich nicht »runterkanzelt«, sondern der mich liebevoll zurecht bringt. Wie oft habe ich mich schon an ihn geklammert, wenn mir das Wasser bis zum Hals stand und ER trug mich immer durch die Fluten. *Nur Jesus vermittelt dauerhaftes Glück!*

Buddha sagt: »Leben ist Leiden.« Wie schwarzseherisch beurteilt er doch die Existenz des Menschen! Jesus zeigt uns den Weg zur vollkommenen Freude in ihm, indem ER sich selbst vor uns her zum Weg macht (Johannes 17, 13). Er, der gute Hirte, läßt sein Leben für die Schafe! (Johannes 10, 12). Den Schafen seiner Weide geht es gut, denn er sagt: *»Ich bin gekommen, daß sie das Leben haben und volles Genüge«* (Johannes 10, 11).

Buddha meint: »Geburt ist Leiden.« Niemand will die Wehen einer Mutter wegdiskutieren, doch sprich einmal mit ihr, wenn sie ihr neugeborenes Menschlein in den Armen hält . . . die Schmerzen sind vergessen und die Freude ist übergroß!

Buddha lehrt: »Sterben ist Leiden.« Doch Jesus bezeugt: *»Ich bin die Auferstehung und das Leben. Wer an mich glaubt, der wird leben, ob er gleich stürbe«* (Johannes 11, 25). Dieses Herrenwort inspirierte auch Paulus, unseren Leib als Hütte oder Gezelt zu bezeichnen, welche abgebrochen wird, um dann den »Geist« freizugeben.

»Wir sind aber getröstet und haben viel mehr Lust, außerhalb des Leibes zu wandeln und daheim zu sein bei dem Herrn« (2. Korinther 5, 8).

Also nicht sterben, sondern bewußt heimgehen zu Jesus, um zu schauen, was wir geglaubt haben. Deshalb sagt er auch: *»Christus ist mein Leben, sterben mein Gewinn«* (Philipper 1, 21). Der Unterschied zwischen den Lehren Buddhas und unserem biblischen Glaubensgut ist so kraß wie Tag und Nacht. Die ungläubigen Pessimisten sagen mit »Faust«: »Denn alles was besteht, ist wert, daß es vergeht – drum besser wär's, daß nichts entstünde.«

Wie vollkommen anders klingt daneben die Freudenepistel des Apostel Paulus, samt Pfahl im Fleisch, im Gefängnis geschrieben: *»Freuet euch in dem Herrn allewege. Und abermals sage ich: Freuet euch. Sorget nichts! Sondern in allen Dingen lasset eure Bitten im Gebet und Flehn mit Danksagung vor Gott kund werden. Und der Friede Gottes, welcher höher ist denn alle Vernunft, bewahre eure Herzen und Sinne in Christo Jesu! Weiter, liebe Brüder, was wahrhaftig ist, was ehrbar, was gerecht, was keusch, was lieblich, was wohllautet, ist etwa eine Tugend, ist etwa ein Lob, dem denket nach!«* (Philipper 4, 4–8).

Dieser Mann, der durch die Kraft Gottes vollkommen über den Umständen stand und seine Freude und Kraft aus Gott, der ewigen Quelle des Lebens, schöpft, sagt weiter: *»Ich kann niedrig sein und kann hoch sein; mir ist alles und jedes vertraut, beides, satt sein und hungern, beides, übrig haben und Mangel leiden. Ich vermag alles durch den, der mich mächtig macht, Christus* (Philipper 4, 12–13). Paulus vergaß seine Gefangenschaft und trotz Not, Leid und Schmerzen schwang er sich zum höchsten Lobpreis Gottes auf. Karl Gerok (1815–1890) drückte die Stellung des wahrhaft Gläubigen treffend aus:

> *»Dorthin, mein Erdenpilger,*
> *dort halte süße Rast,*
> *dort wirf dem Sündentilger*
> *zu Füßen deine Last!*
> *Dann geh und rühme selig,*
> *wie wohl dir dort geschah,*
> *der Weg zum Paradiese*
> *geht über Golgatha!«*

Möchtest du in dieses »Fülleleben«, in dieses Glück auf Erden mit IHM hineinkommen? Kennst du das Sprichwort aus China?

> *»Wenn ich jemandem aus seinen Schwierigkeiten helfe, dann versenke ich gleichzeitig meine eigenen Schwierigkeiten in das Loch, aus dem ich den anderen gezogen habe.«*

Wer andern hilft, hilft sich selbst! Er stellt sich unter den Segen Gottes und vergißt seine eigenen Nöte; besser ausgedrückt: Der Herr hilft ihm, seine Anfechtungen zu überwinden. Er kann mit David sagen: *»Du erleuchtest meine Leuchte; der Herr mein Gott macht meine Finsternis licht . . . Er ist ein Schild allen, die ihm vertrauen«* (Psalm 18, 29. 31 b).

Befreiung durch Gottvertrauen

Angst ist ein Zustand quälender Besorgnis und innerer Unrast. Bei vielen Menschen ist dieser Zustand chronisch geworden und raubt ihnen jegliche Lebensfreude. Die Tage werden als schal und langweilig empfunden und dieses pessimistische Dahinvegetieren mündet in Verdruß, bis hin zur Melancholie.

Die Schwierigkeiten, Nöte und Sorgen, die ganzen äußeren Umstände sind letzten Endes nicht der wahre Grund des inneren Elends, sondern in die Welt des Unterbewußtseins verdrängte Schuld und Sünde. Solch Geplagte werden zu immer neuen Bußübungen getrieben und kommen doch nicht zu innerer Seelenruhe.

Wie kann ein Mensch diesen unseligen Zustand überwinden?

Wie wirst du frei, lieber Leser, von deiner Angst, die aus den Tiefen deines unruhigen und gequälten Gemütes kommt? Ich gebrauche das seelsorgerische »Du«.

Auf der Straße wurden Menschen befragt, wann sie das letzte mal gebetet hätten und ob sie glaubten, daß beten hilft.

Nur ganz wenige hatten dazu eine klare Meinung. Auch »Gläubige« holen Gott nur zeitweilig aus den entfernten Gegenden ihres verkümmerten Innenlebens hervor. Das genügt allerdings nicht.

Der Psalmist erahnte die Ursache seiner Unruhe: *»Wann werde ich dahin kommen, daß ich Gottes Angesicht schaue?«* (Psalm 42, 3).

»Gott schauen« heißt ihn täglich neu erleben. Sich bewußt werden: bis heute hat er mir geholfen. Er ist nicht eine anonyme höhere Macht, sondern ein gütiger Vater, der mein ganzes Dasein mit neuen Kräften und einem neuen Inhalt erfüllen will.

Es gibt eine schöpferische Kraft der Hoffnung. Das Vertrauen auf Gott sollte unser ganzes Denken und Handeln bestimmen.

Der Psalmist fragt weiter: *»Was betrübst du dich, meine Seele und bist so unruhig in mir?«* Und nun rät er ihr: *»Warte auf Gott.«* Durch sein Gottvertrauen schwingt er sich auf: *»Ich werde ihm* *noch danken, daß er mir hilft mit seinem Angesicht« (Psalm 42, 6).*

Viele Menschen leiden in den schlaflosen Stunden ihrer Nächte. Das Denken wird zum Grübeln. Der Sorgenberg wird höher und bedrohlicher. Statt der erholsamen Entspannung verkrampft sich der ganze Mensch.

Ich erinnere mich an drei Psalmen, in welchen David vom Schlaf spricht. Im Morgenlied sagt er: *»Ich liege und schlafe und erwache, denn der Herr hält mich.* Ich fürchte mich nicht vor viel Tausenden . . .« (Psalm 3, 6–7 a).

Als er das dichtete, war er auf der Flucht vor seinem Sohn Absalom . . . In einem Abendpsalm singt er: *»Ich liege und schlafe ganz in Frieden, denn allein du Herr hilfst mir, daß ich sicher wohne«* (Psalm 4, 9).

Die 150 Psalmen sind eine enorme Kraftquelle. Sie sind vom harten Alltag inspiriert, in dem auch wir leben. Ich weiß, wir sind auf der Welt. Jesus wußte das auch, als er sagte: *In der Welt habt ihr Angst, aber seid getröstet, ich habe die Welt überwunden.«* Kennst du die Ruhe, die aus göttlichem Trost entspringt?

In der Wüste Juda verrät uns der dichtende Flüchtling das Geheimnis seiner Gelassenheit. *»Wenn ich mich zu Bette lege, so denke ich an dich, wenn ich erwache, so rede ich von dir«* (Psalm 63, 7).

Gott ist für ihn allgegenwärtig. Er geht mit ihm zu Bett und vergißt die Todesdrohungen Sauls. David erwacht mit dem Herrn und dankt ihm: *»Du bist mein Helfer und unter dem Schatten deiner Flügel frohlocke ich. Meine Seele hanget dir an, deine rechte Hand hält mich«* (Psalm 63, 8–9).

Dieses Gottvertrauen schenkt Ruhe und Befreiung . . .

Zwischen Angst und Hoffen

Es geht hier nicht um die Angst vor einem dunklen Wald. Wovor fürchten wir uns eigentlich? Vor der Zukunft? Vor Zeiten der Enttäuschung, der Einsamkeit, oder ist es das beengende Gefühl mit dem Leben nicht fertig zu werden? Viele sehen keinen Sinn mehr in ihrer Existenz und fürchten, Liebes, ja Vertrautes zu verlieren.

Man wird älter. Die Kinder fliegen aus. Mancher wird sagen: »Ich habe keine Angst. Ich bin noch jung«, als ob Angst an ein bestimmtes Alter gebunden wäre. Diese Selbstsicheren wollen ihren Gefühlen befehlen. Sie versuchen sich die Angst auszureden bis sie die Maske selbst entdecken, hinter der sie ihre Unsicherheit verbergen. Gewiß gibt es viele Fluchtwege, die sich aber als Selbsttäuschung entpuppen. Ausschweifen oder berufliche Aktivität im Übermaß wird erzeugt, um nicht mit sich und seiner Angst alleine sein zu müssen. –

Sie umschleicht den Menschen wie ein Raubtier und springt ihn unvermittelt an. Wo liegen wohl die Wurzeln der *Furcht?* Wie kommt es, daß sie mal mehr, mal weniger stark auf uns einwirken?

Sie ist wie eine Umklammerung, aus der es keine Befreiung mehr gibt. Gottes Wort weiß um die verschiedensten Prägungen der Furcht und daß der Mensch außerstande ist, sich selbst zu erlösen.

Die Hilfe muß von außen kommen. Am eigenen Schopf kann sich keiner aus dem Sumpf ziehen. Nur der Vater, der für die seinen sorgt, kann und will dich und mich befreien. Nun fragt Gott: Warum seid ihr so furchtsam, so voller Hektik? Er sagt: Hol doch einmal Luft! Ich sorge für dich. Ich lasse dich nicht allein mit deinen Problemen.

Wie unkindlich sind wir doch oft! Wie dringend muß Jesus uns sagen: *»Euer Herz erschrecke nicht! Glaubet an Gott und glaubet an mich!«* (Joh. 14, 1).

Produktiver Glaube statt lähmende Sorgen

Sehr viele Menschen verwechseln ein vages »Fürwahrhalten« mit »Glauben«. Welch ein Irrtum!

Es gibt einen lebendigen und einen toten Glauben. Der letztere ist unproduktiv. Viele Mitläufer wärmen nur ihren Stuhl in der Kirche. Sie hinken auf beiden Seiten und sind stets auf der Suche nach einem neutralen Weg, den es nicht gibt. Dietrich Bonhoeffer, beseelt von einem lebendigen Glauben, schrie aus seiner KZ-Zelle in die versammelte SS-Kompanie hinaus: »Jesus ist doch von den Toten auferstanden und lebt!« Es war ein Ostermorgen . . . In seiner Todeszclle war dieser treue Zeuge in der Lage, weiter produktiv zu glauben, und er schrieb einen kraftvollen, zuversichtlichen Vers, welcher Tausenden zum Trost werden sollte: *»Von guten Mächten wunderbar geborgen, erwarten wir getrost was kommen mag. Gott ist mit uns am Abend und am Morgen und ganz gewiß an jedem neuen Tag.«* Der Psalmist sagt: »Von allen Seiten umgibst du mich und hältst deine Hand über mir« (Psalm 139, 5).

Was ist eigentlich Glaube?

Vom Urtext her übersetzt könnte dieses Wort auch mit »Zuverlässigkeit« oder »Treue« wiedergegeben werden. Ein Gläubiger ist also zuverlässig und treu im »Hause Gottes«. Treu im Dienst, denn dazu wurde er auch »begabt« durch den heiligen Geist. Er will der Gemeinde dienen.

Die klarste Definition für »Glaube« finden wir im Hebräerbrief Kapitel 11, Vers 1: »Es ist aber der Glaube eine gewisse Zuversicht des, das man hofft und ein Nichtzweifeln an dem, das man nicht sieht.« Also Gewißheit, kein Ahnen! Hiob verlor an einem Tag sein ganzes Hab und Gut und alle seine Kinder. Später wurde er noch krank. In seinen schlaflosen Nächten kratzte er sich mit einer Scherbe und seine Frau frug ihn: »Wie lange willst du noch an deinem Gott festhalten? Sag ihm ab und stirb.« Seine Freunde saßen zuerst tagelang stumm herum, um ihn dann hernach zu beschimpfen. Es entwickelte sich ein Dialog zwischen ihnen und plötzlich brach es aus diesem gequälten Mann hervor: »Aber ich weiß, daß mein Erlöser lebt, und als der Letzte wird er über dem Staube sich erheben . . .« (Hiob 19, 25).

Das ist ein produktiver Glaube!

Asaph ringt sich zu dem Bekenntnis durch: »Dennoch bleibe ich stets an dir; denn du hältst mich bei meiner rechten Hand, . . . wenn mir gleich Leib und Seele verschmachten, so bist du doch, Gott, allezeit meines Herzens Trost und mein Teil« (Ps. 73, 23. 26). Glaube ist Gewißheit.

Wo nehme ich diesen lebendigen, persönlichen und produktiven Glauben her?

Der Apostel Paulus stellt die Frage: »Wie sollen sie aber den anrufen, an den sie nicht glauben? Wie sollen sie aber an den glauben, von dem sie nichts gehört haben?« Er antwortet: »So kommt nun der Glaube aus der Predigt, das Predigen aber durch das Wort Gottes« (Römer 10, 14. 17).

Lieber Leser, Sie brauchen eine klare, wortgetreue Predigt; Sie brauchen Gottes Wort, eine christozentrische Verkündigung!« Verlasset die heiligen Versammlungen nicht, wie es etliche zu tun pflegen . . .« Wahrer Glaube ist Zuverlässigkeit, Treue und Gewißheit.

Die ganze Heilige Schrift wurde vom selben Geist inspiriert, und deshalb ergänzen sich die einzelnen Bücher. Wer den Römerbrief studiert, sollte anschließend den Jakobusbrief lesen. In dieser Ergänzung liegt eine wohltuende Harmonie. Paulus schreibt uns, daß wir gerecht werden ohne Werke, allein durch den Glauben, und es stimmt: Selig oder gerecht sind wir, weil Jesus für uns am Kreuz alles vollbracht hat. Er starb für uns am Fluchholz und wendete somit Fluch und Gericht von uns ab. ER wurde stellvertretend für uns hingerichtet, und deshalb konnte ER uns das ewige Leben schenken.

Wir tun also keine Werke um selig zu werden, sondern weil wir selig sind. Der wahre Glaube muß produktiv werden. Wir sind geschaffen »zu guten Werken«; »wes das Herz voll ist, geht der Mund über«, »wir können's ja nicht lassen!« Selig heißt glücklich;

wir strahlen, denn wir sind Kinder Gottes; wir wurden ver-sohnt! Der »knechtische Geist« muß weichen. »Weil ihr denn Kinder seid, hat Gott gesandt den Geist seines Sohnes in eure Herzen, der schreit: Abba, lieber Vater!« (Galater 4, 6). Ein Gläubiger, der nicht spontan Werke hervorbringt, ist »gleichwie ein Leib ohne Geist« eben tot – ein Leichnam also. Was geschieht mit solchen? Sie werden schnell beerdigt, denn sie verwesen, ja sie stinken.

Der echte Gläubige wird vom Herrn auf einen fundamentalen Begriff hingewiesen: nämlich »bleiben«. »Wer unter dem Schirm des Höchsten sitzt und unter dem Schatten des Allmächtigen bleibt, der spricht zu dem Herrn: Meine Zuversicht und meine Burg, mein Gott, auf den ich hoffe. Denn er errettet dich . . .« (Psalm 91).

Jesus selbst betont dieses Wort dermaßen, daß er es in ein paar Versen zehnmal wiederholt: »Bleibet in mir und ich in euch. Gleichwie die Rebe kann keine Frucht bringen von ihr selber, sie bleibe denn am Weinstock, also auch ihr nicht, ihr bleibet denn in mir. Ich bin der Weinstock, ihr seid die Reben. Wer in mir bleibt und ich in ihm, der bringt viel Frucht, denn ohne mich könnt ihr nichts tun. Wer nicht in mir bleibt, der wird weggeworfen wie eine Rebe und verdorrt . . .« (Johannes 15, 1–6). Lesen Sie doch das ganze Kapitel. Wie viele Menschen, die solchen verdorrten Reben gleichen, kenne ich doch . . .!

Sie machten einen hoffnungsvollen Anfang; sie schmeckten etwas von der Freude im Herrn, doch sie »blieben nicht« und verdorrten, vertrockneten. Von den Neugläubiggewordenen am Pfingsttage wird uns berichtet: »Sie blieben aber beständig in der Apostel Lehre und in der Gemeinschaft und im Brotbrechen und im Gebet« (Apostelgeschichte 2, 42).

Lieber Leser, ich brauche wieder das seelsorgerliche Du, nimm dir Zeit, um eine persönliche Andacht zu halten. Lies in der Schrift und dann bete. Sage deinem Gott alles was dich bedrückt, was dir Not macht, deine Zweifel und Ängste. Sag es ihm! Lade ab! Er hat uns ja dazu aufgefordert: »Werfet alle eure Sorgen auf mich, ich sorge für euch!« Welch ein Angebot! Werfen ist aber eine praktische Handlung und braucht Energie. Wirf immer wieder, sobald dir etwas zu schaffen macht, indem du betest und IHM deine Not sagst, ihn um Hilfe anflehst, um dann glaubend, hoffnungsvoll auf sein Eingreifen zu warten.

Die Bibel berichtet uns von einem Mann, der Jaebez hieß, übersetzt Schmerzenskind. Seine Mutter hat ihn »mit Kummer geboren«. Lebte sie wohl in Kriegszeiten? Dieser Sohn entwickelte aber einen wunderbaren Glauben! Er hieß »Schmerzkind« und wurde ein kummerfreies Glückskind! Er besaß einen produktiven Glauben und redete mit seinem Gott. Er wußte: An seinem Segen ist alles gelegen! »Ach, daß du mich segnetest und meine Grenze mehrtest und deine Hand mit mir wäre . . .«

Ein ganz normales Gebet. Die letzte Bitte ist aber bestimmt die Wichtigste: ». . . und schafftest mit dem Übel, daß mich's nicht bekümmere« (1. Chronik 4, 9–10). Nicht: »Ach Herr, laß nie etwas Schweres an mich herankommen . . .« Das wäre unnüchterne Phantasterei! Du leidest nicht so sehr durch das, was an dich herankommt, sondern durch die Art und Weise, wie du es aufnimmst . . .! Es gibt Menschen, die werden vom Ärger buchstäblich aufgefressen. Freunde, laßt uns doch still werden . . . »Wenn du stille würdest, so könnte dir geholfen werden!« »Laß dir von Gott helfen; warte ab.« »Hoffnung aber läßt nicht zuschanden werden« (Römer 5, 5).

Wunder-Wirkungen durch Glaubensmut

In Paris fiel mir eine Frau auf, durch ihre großen, traurigen Augen. Es war offensichtlich, sie litt fortwährend unter einer Dauerbelastung . . . »Ihre Augen lachen nie, Madame . . .« Erschrocken musterte sie mich. Sie erfühlte, daß ich ihren Herzenszustand durchschaut hatte.

»Ich habe noch nie mit jemandem darüber gesprochen«, antwortete sie mir. Doch schließlich erzählte sie ihre ganze Not: Ihre Tochter lebte in der Nähe vom »Place Pigalle«. Schon mehr als sechs Jahre hatte sie nichts mehr von ihr gehört. Auf die schiefe Bahn geraten, endete dieses Mädchen schließlich als Dirne in einem der berüchtigten Häuser. Ich konnte mitfühlen, und als die gequälte Frau ihre Tränen abgewischt hatte, knieten wir uns nieder. Ich erinnere mich noch ganz genau, ich sagte: »Herr Jesus, du hast das Töchterchen des Jairus auferweckt, du kannst auch ein gestraucheltes Mädchen, das tot in Sünden ist und zum Strandgut des Lebens gehört, wieder lebendig machen . . .«

Wir vereinbarten eine Zeit, in der wir diese Tochter täglich Gott im Gebet hinlegen wollten. *Wir glaubten* an die Machtwirkungen des himmlischen Vaters und wußten, *daß alles* erbeten sein will . . .

Eines Abends, es waren ein paar Wochen verstrichen, läutete es ziemlich spät an der Wohnungstüre dieser Mutter. Erstaunt öffnete sie einen Spalt; wer würde zu so später Stunde noch kommen? Auf Distanz stand eine Frau im schlecht erleuchteten Treppenhaus. »Was kann ich für Sie tun?« – »Mama«, klang es ängstlich abwartend zurück. Die beiden Frauen lagen sich in den Armen. Die Mutter zog die Tochter mit sich, bis zur hintersten Türe rechts der Wohnung. Das war ihr Zimmer gewesen. All die Jahre war es unberührt geblieben. Die Puppen lagen noch da; die Jugendbücher waren an ihrem Ort; die selbstgestrickte Decke, einst ein Geschenk, schmückte das runde Tischchen . . . »Mama«, dankbar bewegt entrang sich dieses Wort nun zum zweitenmal der Lippen der heimgefundenen Tochter.

Kurze Zeit später wurde sie gläubig und durfte die Vergebung ihrer Sünden empfangen. Spontan holte sie Menschen aus den

Lasterhöhlen heraus und brachte sie in unsere Versammlungen . . . Ihr ist viel vergeben worden, und deshalb hat sie viel geliebt und belastete Menschen zu Jesus geführt.

Das war eine Wunderwirkung Gottes durch Glaubensmut.

Sieg durch Lobpreis

Moabiter, Ammoniter und Meuniter schlossen sich zusammen, um gegen das Volk Gottes und dessen König Josaphat Krieg zu führen. Das gewaltige Heer befand sich bereits in Engedi, als es der König in Juda zu Ohren bekam. Die Bibel berichtet, daß er sich fürchtete. Er hatte auch allen Grund dazu . . .

Die Überlegenheit seiner Feinde war offensichtlich! Was sollte er tun? Wo Hilfe suchen? Mit wem sich schnell, schnell verbünden?

Josaphat suchte den Herrn und ließ ein Fasten ausrufen in ganz Judäa, und das ganze Volk suchte mit ihm das Angesicht des Herrn. Er betete vor der versammelten Gemeinde und sprach: »Herr, unserer Väter Gott, bist du nicht Gott im Himmel und Herrscher in allen Königreichen der Nationen? Und in deiner Hand ist Kraft und Macht und ist niemand, der wider dich zu stehen vermöge« (2. Chronik 20, 6).

Dieser alttestamentliche Mann wußte um die neutestamentliche Wahrheit: »Ist Gott für uns, wer mag wider uns sein?« (Römer 8, 31). Deshalb fragt er nun den Herrn: »Unser Gott, willst du sie nicht richten? Denn in uns ist nicht Kraft genug gegen diesen großen Haufen, der wider uns kommt. Wir wissen nicht, was wir tun sollen, sondern unsere Augen sehen nach dir« (2. Chronik 20, 12). Menschlich gesehen waren die Juden samt ihrem König hoffnungslos verloren. Josaphat sieht es klar, als Realist. Er ist ratlos. Er bekennt es freimütig und versucht nicht in einem falschen Optimismus, der immer zur Niederlage führt, seine Situation zu verschleiern. Vogelstraußpolitik oder Galgenhumor nützt in so einer Lage nichts.

Lieber Leser, vielleicht bist du genauso in einer aussichtslosen Lage. Gehe bitte den Tatsachen nicht aus dem Wege. Es wäre die sichere Niederlage! Suche bitte nicht Hilfe bei Menschen, auch nicht bei Verwandten. Wer sich auf sie verläßt, ist verlassen!

Josaphat kennt den Weg zur Rettung: »unsere Augen sehen nach dir« (20, 12b).

Wohin blickst du? Wer den Herrn sucht und IHM seine

schreckliche Lage und seine Angst schildert, *ja wer auf IHN hofft, der bekommt Antwort und Weisung!*

Durch einen einfachen Leviten sprach nun der Herr zu dieser wartenden Gemeinde: ». . . Ihr sollt euch nicht fürchten noch zagen vor diesem großen Haufen; *denn ihr streitet nicht, sondern Gott«* (20, 15).

Solange *du* gegen deinen mächtigen Feind kämpfst, hast du allen Grund, dich zu fürchten. Gegen den Teufel und seine Getreuen können wir nichts ausrichten! Berufe dich doch einfach auf den Sieg Jesu! Freunde, *»ihr streitet nicht, sondern Gott!«*

Jahasiel, der Levit, weissagt weiter: »Morgen sollt ihr zu ihnen hinabziehen . . . aber ihr werdet nicht streiten in dieser Sache. Tretet nur hin und stehet und *sehet das Heil des Herrn, der mit euch ist* . . . (20, 17).

Welch eine Botschaft für diese Bedrängten: *»Der Herr ist mit euch«*.

Die Gemeinde dankte und lobte nun ihren Gott, doch der *Glaubensweg dem Feind entgegen lag noch vor ihnen.* Am andern Morgen machten sie sich früh auf und zogen zur Wüste. Der König Josaphat sprach nun ein wegweisendes, inspiriertes Wort Gottes aus. Sie sollten sich das unbedingt merken! Darf ich es als Felsenwort bezeichnen, auf das man treten kann?

Er sagte: . . . *»Glaubet an den Herrn, euren Gott, so werdet ihr sicher sein; und glaubet seinen Propheten, so werdet ihr Glück haben«* (20, 20b).

Sicherheit und Glück trotz übermächtiger Feinde – nur der *aktive Glaube* an einen persönlichen, allgegenwärtigen und helfenden Gott kann uns dazu führen! Nach dieser herrlichen Unterweisung folgt nun *das glaubende Handeln.* Josaphat bestellt die Sänger. Sie sollten in heiligem Schmuck Gott loben und preisen und *vor den Gerüsteten herziehen . . .!*

Welch ein Unsinn, vom menschlichen Standpunkt aus. Loben und preisen statt kämpfen und hetzen.

Loben und preisen
statt klagen und jammern!
Loben und preisen
statt Depressionen und weinen!

Sie sprachen: *»Danket dem Herrn, denn seine Barmherzigkeit währet ewiglich«* (20, 21b).

Glaube es doch, es stimmt. Erwarte deine Hilfe vom Herrn. Bitte, ja flehe *und mische das mit Danksagung* und deine Gebete werden erhört (Philipper 4, 6).

In unserer Geschichte steht nun weiter:

»Und da sie anfingen mit Danken und Loben, ließ der Herr einen Hinterhalt kommen über die Kinder Ammon und Moab und die vom Gebirge Seir, die wider Juda gekommen waren und sie wurden geschlagen« (20, 22).

Lobpreis wird auch Ihre Feinde in die Flucht schlagen. Ja, Loben und Danken – »da ist der Weg, daß ich ihm zeige das Heil (den Sieg) Gottes« (Psalm 50, 23).

. . . und dennoch

Was erwartest du in dieser unruhigen und gefahrvollen Welt von der Zukunft? Kannst du *dennoch* kindliches Vertrauen und Zuversicht bewahren? Ein Gläubiger, der die nackten Tatsachen und die nüchterne Wirklichkeit sieht, glaubt *dennoch* an das gute Gelingen und weiß sich geborgen, geführt und umgeben von diesem Herrn, welcher sagte: *»Ich bin bei euch alle Tage bis an der Welt Ende.«*

Nein, nicht das Leben passiv ertragen, heißt die Devise; sondern Angriff der Liebe, sich überwinden, siegen und mit Gottes Kraft vorwärtsschreiten!

Nein! nicht das allzu laute Lachen der Superfröhlichen, die sich selbst anlügen und andern eine frivole Sorglosigkeit vorgaukeln, überzeugt die Welt, sondern ein Mensch, der wohl die nackte Wirklichkeit erkennt und *dennoch* an den Sieg Gottes glaubt und weiß, daß ER das letzte Wort hat. Wir sind berufen zu beten, zu danken und zu glauben, daß der Herr unsere Arbeit segnet und seine »Kraft in den Schwachen mächtig ist!«

Jesus ist für uns die Quelle jeglichen Frohmuts, und seine Worte sind Medizin für Leib, Seele und Geist. In Johannes 15, Vers 11 steht: »Solches rede ich zu euch, auf daß meine Freude in euch bleibe und eure Freude vollkommen werde.«

Lieber Leser, weißt du, was Jesus redet? Ist sein Wort deine *tägliche* Speise für den inwendigen Menschen? Hast du *täglich* ein paar Minuten, um dich durch Gottes Geist in eine Sphäre der Freude und Zuversicht versetzen zu lassen? Oder befindest du dich in einem geistigen Schlamassel voller negativer Erwartungen, krankhafter Ängste und schmerzlicher Niedergeschlagenheit?

Einem verzagten und kranken Menschen durfte ich das Zuversichtswort aufschreiben: »Was betrübst du dich, meine Seele, und bist so unruhig in mir? Harre auf Gott! Denn ich werde ihm noch danken, daß er meines Angesichts Hilfe und mein Gott ist« (Psalm 42, 12). Liegt in so einem Gotteswort therapeutischer Wert? Dein ganzer Trübsinn schmilzt wie Schnee an der Frühlingssonne, und dein fragendes Herz wird erfüllt mit Hoffnung, Kraft und Harmonie.

Das Geheimnis lautet: *»Er sandte sein Wort und machte sie gesund!«* Denke über Gottes Wort nach! Bewege es in deinem Herzen, bis es ein Bestandteil deiner selbst geworden ist! Das Licht verdrängt die Finsternis! Das Salz vernichtet alle Fäulnis!

Wisse du zuversichtlich: *»Siehe, des Herrn Hand ist nicht behindert, daß er nicht retten kann, noch sein Ohr taub, daß er nicht hören kann.«*

Sprich mit dem Psalmisten: *»Dennoch bleibe ich stets an dir, denn du hältst mich bei meiner rechten Hand, du leitest mich nach deinem Rat und nimmst mich endlich mit Ehren an«* (Psalm 73, 23–24).

Die Herren und Götzen dieser Welt gehen, aber unser Herr und Gott kommt!

Allein – und doch nicht einsam?

Gott, man lobt dich in der Stille . . .
Dir bezahlt man Gelübde . . .
Du erhörst Gebet . . .
Wohl dem, den du . . .
zu dir lässest . . .
der hat reichen Trost . . .
Psalm 65

Es gibt Steinwüsten und Sandwüsten. Am schlimmsten aber sind die Wüsten des Lebens, welche ein Mensch zu durchziehen hat. Viele verlieren dabei Mut und Lebenskraft. Der erquickende Regen fehlt. Die austrocknende Sonne scheint unbarmherzig stechend. Die Umwelt versagt uns Anerkennung, Zuspruch, Unterstützung – und so schleppen sich viele trostlos weiter . . .

Im Negev (trockenes Land) in Israel wurde ein riesiger Grundwassersee entdeckt. Man kann ihn anzapfen und das kostbare Naß hochpumpen. Es gibt aber einige Bäume dort, die ihre Wurzeln von der Oberfläche in die Tiefen wachsen ließen. Sie gedeihen auch ohne Regen und ertragen die trockene Hitze gut.

Auch wir sollten weniger von der Außenwelt aber dafür mehr von der Innenwelt erwarten. Unser Wurzelgrund heißt Jesus Christus und in ihm ist Wasser des Lebens. In ihm wurzeln, heißt an ihn denken, mit ihm sprechen – aber *auch zuhören ist wichtig.* Täglich können wir das Gute erleben, das er uns zugedacht hat. Laßt uns unsere Wurzeln hinabstoßen zum lebenspendenden Grundwasser!

Dazu braucht es Stille – Alleinsein!

Das ist etwas anderes als Einsamkeit. Wer Gott liebt, wünscht öfters mit ihm allein zu sein. Betriebsamkeit durch andere Menschen stören nur diese Begegnung. Liebende und Gottsucher brauchen das Alleinsein.

Nächtelang war Jesus allein in der Steppe oder auf den Bergen, um mit seinem Vater Zwiegespräche zu halten. Dort schöpfte er Kraft und Trost, erhielt Wegweisung und Zuspruch. Nur in der »Einsamkeit« – *mit der Zeit* – verlieren sich die vielen Bilder der Erde, die sich immer wieder zwischen Gott und mich schieben.

Mit der Zeit verlieren sie ihren Glanz und verblassen. Dadurch wird das fruchtbringende Alleinsein mit dem alleinigen Gott tief empfunden, als Hineingleiten und Einswerden mit ihm . . . »in Ihm leben, weben und sind wir.« Das Irdische wird klein und nichtig. Probleme, Sorgen, Ärger, Widerwärtigkeiten, Nöte, verlieren ihre Bedrohung – und leicht geworden im Angesicht der Ewigkeit – werfen wir sie vertrauensvoll auf Ihn.

Lieber Leser, das Schöne im Leben ist die unbeschwerte Freude, die aus so einem »Rendez-vous« mit Gott erwächst. Und so wie man in der Wüste von Oase zu Oase, von Brunnen zu Brunnen wandert, so laßt uns von Freude zu Freude – von Begegnung zu Begegnung vorwärtsgehen.

Reden – Silber oder Gold?

Es kommt ganz darauf an, was wir zu sagen haben. Dauerklageweiber in männlicher Ausgabe oder chronische Nörgler würden besser ganz schweigen!

Ihr Reden ist weder Silber noch Gold – höchstens billiges Blech, an dem man sich leicht verletzt.

Wie gut verstehen wir die Wahrheit von Sprüche 21, 23: *»Wer seinen Mund und seine Zunge bewahrt, der bewahrt seine Seele vor Angst.«* Wenn Furcht, Übelnehmen, Nachtragen oder Neid in unserem Herzenstreibhaus wuchern und unser Reden inspirieren, so wird niemand durch die Begegnung mit uns glücklicher. Der Apostel Petrus schreibt in seinem ersten Brief: »Wenn jemand redet, so rede er es als Gottes Aussprüche . . .« (4, 11), und Paulus spricht von faulem Geschwätz, »das nicht aus unserem Munde gehen soll, sondern was notwendig ist und zur Besserung dient, was holdselig« klingt, das sollten wir reden – *und das ist Gold, lieber Leser.*

Zum Kaffeekochen brauchen wir Filter. Satz und Bitterstoffe sollen aufgehalten werden. Wieviel mehr sollten wir unser Reden filtern um die Schadstoffe, welche ätzend verletzen und Schaden anrichten, auszumerzen! Doch ein aufmunterndes Wort im rechten Augenblick bewirkt neuen Mut und schenkt Zuversicht.

»Fördert's oder hindert's«, was ich jetzt erzählen will . . . Das ist ein unbedingt notwendiger Filter!

Negatives und Unglück können sehr leicht herbeigeredet werden. Düstere Voraussagen, die immer wiederholt werden, erfüllen sich von selber. Wir sollten Gutes erwarten, auch von unseren Mitmenschen, und Positives von unserem Gott erbitten! Eine heitere Ermutigung für einen Bedrückten, ein Lob für einen Ängstlichen, ja ein Trostwort den Verzagten – oder vollmächtiger Zuspruch der Vergebung einer Sünde, für den Verzweifelten – das ist wahrhaftig kostbares Gold! »Herr schenke du mir doch lebenschaffende Worte« . . .

»Nimm dir Zeit und nicht das Leben«

Ich konnte und konnte ihn nicht überholen – diesen stinkenden Riesenlastbrummer. Immer wenn ich zum Ausscheren ansetzte kamen mir Wagen entgegen . . . und dann las ich am Heck meines Vordermannes, durch die dunklen – fast schwarzen Abgase: »Nimm dir Zeit und nicht das Leben.« Die Botschaft wirkte schlagartig. Ich wurde ruhig und der Streß fiel von mir ab.

Im richtigen Augenblick das rechte Wort – wichtig in allen Lebenssituationen.

Zugang zur Harmonie des Lebens

- Innere Leere ausfüllen
- Geistige Revitalisierung

Oft schon in jungen Jahren überfordern viele ihre Lebenskraft. Ständig steigende berufliche und auch private Anforderungen, bei zu kurzen und zu seltenen Ruhepausen, belasten den Menschen derart, daß seine naturgegebenen Kräfte verbraucht sind und die »Batterie« entladen, den Wagen nicht mehr zum Anspringen bringt. Der gefürchtete »Knick« in der Leistungskurve ist dann plötzlich da und mit ihm auch die Angstzustände.

Die meisten Menschen altern heute vorzeitig!

Läßt sich dagegen etwas tun? Natürlich – und je eher man damit beginnt, desto sicherer ist der Erfolg!

Die ursprüngliche Spannkraft und Vitalität, sowie die körperliche und geistige Leistungsfähigkeit können wieder gewonnen werden. – Goethe sagte einmal: »Weiß ich, womit du dich beschäftigst, so weiß ich, was aus dir werden kann.« –

Die Urkraft allen Lebens ist zweifellos derjenige, der das Leben schuf!

Sich mit IHM beschäftigen, heißt die innere Leere erfühlen und sie dann mit seiner Hilfe ausfüllen!

»Herr gib mir neue Kraft, neuen Schwung, damit ich den Mut aufbringe, neu zu beginnen« . . .

Unbewältigte Vergangenheit sowie negative Erlebnisse fressen sich in der Seele eines Menschen ein und belastende Vorkommnisse verdüstern, ja vergiften Gegenwart und Zukunft. Eine 32jährige Frau sagte resigniert zu mir: »Meine Flügel werden mir andauernd gestutzt. Ich kann nicht fliegen. Die Ungerechtigkeit meiner Eltern, die meinen Bruder bevorzugen, ist wie Blei in meinen Gliedern. Ich komme nicht mehr vom Fleck. Meinen Mann lehnen sie ab. Mein Kind ist ihnen zu viel. Dauernd nörgeln sie an mir herum und doch bin ich die einzige, die sich um sie kümmert« . . .

Es war nicht leicht, ihr klar zu machen, daß Ungerechtigkeit und lieblose Behandlung nicht über uns kommen, damit wir daran zerbrechen, sondern damit wir überwinden und wachsen. *Ein Mensch geht aus dem Leid geläutert und selbstloser, oder aber verbittert und zynisch hervor.*

Ein Leben ohne Enttäuschungen gibt es nicht!

Der Psalmist fragt: »Woher kommt mir Hilfe? Meine Hilfe kommt vom Herrn, der Himmel und Erde gemacht hat« (Psalm 121, 1. 2).

Schritt für Schritt werde ich hingeführt, Gott zu loben und zu preisen und für empfangene Gaben zu danken.

Am Anfang ist es seltsam mit Gott allein zu sein.

Kein frommes Zeremoniell. Nur Gott und ich – in der Stille.

Mein Atem wird ruhiger und ich spüre Entspannung:

die wärmende Nähe der Liebe Gottes. Die Atmosphäre meines Herzens verändert sich, weil Jesus einzieht, der mich liebt.

Nicht hastiges Herunterleiern von Wünschen und Vorstellungen, sondern Zugang zur Harmonie des Lebens durch Gott.

Wer seine Liebe spürt ist überwältigt und erlebt voller Dankbarkeit wie Verkrampfungen – durch Konflikte, Krisen und Verlusterlebnisse erzeugt – sich langsam lösen. Der Gedanke an diese Liebe begleitet mich den ganzen Tag, und damit Ruhe und Trost, die Kraft für den Alltag. Dadurch kann ich loslassen und echt vergeben, das heißt: »Lauter gute Gedanken über – ihn oder sie – haben«. All das ist Gnade und Geschenk – erfordert jedoch Zeit . . .

Nimm sie dir, lieber Leser.

Länger jung bleiben – nur ein Wunschtraum?

Es geht nicht darum, die biologische Uhr des Menschen zurückzustellen, aber Sie sollen rundherum glücklich sein und dadurch die besten Jahre des Lebens verlängern.

Der Mann Gottes, Mose, sagte in seinem Gebet: *»Unser Leben währet siebzig Jahre, und wenn's hoch kommt, so sind's achtzig Jahre . . . es fähret schnell dahin, als flögen wir davon«* (Psalm 90, 10).

Das Alte Testament spricht hier von der Lebensspanne, jedoch nicht von der *Lebenserwartung*. Nur einige wenige, die die zahlreichen Krankheiten und Seuchen überlebten, denen in Kindheit, Jugend und mittleren Jahren viele zum Opfer fielen, konnten so alt werden. In den Tagen des Alten Testaments – es war die Bronze- und Eisenzeit – betrug die Lebenserwartung nur ganze achtzehn Jahre . . .

Durch den Sieg über viele Kinderkrankheiten vor allem ist die Lebenserwartung in den Industrienationen auf etwa vierundachzig Jahre für Frauen und achzig für Männer gestiegen.
Beachtlich also! Allerdings zeigen die neuesten Statistiken, daß sie bei den Männern in den letzten zwanzig Jahren um sechs Monate zurückging.

Das Hauptanliegen der Wissenschaft vom Altern (Gerontologie) ist es, das Greisenalter hinauszuschieben. Es sollte erst zwischen achtzig und neunzig statt zwischen siebzig und achtzig sein. Man möchte länger jung bleiben, voll funktionsfähig und im Besitz der körperlichen und geistigen Kräfte. Länger in den besten Jahren, heißt die Devise. Der Mensch sucht krampfhaft den Sitz der »Lebensuhr«. Er weiß, sie tickt und tickt und auf geheimnisvolle Weise verlieren die Zellen ihre Widerstandsfähigkeit und schließlich stirbt der ganze Organismus.

Mose betet: *»Lehre uns bedenken, daß wir sterben müssen, auf daß wir klug werden«* (Psalm 90, 12).

Kann der Mensch seine biologische Uhr zurückstellen und die frühen und mittleren Lebensjahre verlängern und fast bis zum Ende frei von Beschwerden leben?

Diäten und Vitamine genügen da für den Menschen nicht, denn

wir sind keine Laborratten oder Versuchsmäuse. Wir haben eine »Geist-Seele« und die beeinflußt unser körperliches Wohlbefinden. Deshalb betet Mose: *»Fülle uns frühe mit deiner Gnade so wollen wir rühmen und fröhlich sein unser Leben lang«* (Psalm 90, 14).

Und Hiob sagt vom Menschen: *Er hat seine bestimmte Zeit, die Zahl seiner Monden steht bei dir, du hast ein Ziel gesetzt, das wird er nicht überschreiten«* (Hiob 14, 5).

Es ist dem Menschen genetisch bestimmt, wie lebens- und erneuerungsfähig seine Zellen sind und die Wissenschaft konnte auf diese ererbte Veranlagung keinen lebensverlängernden Einfluß nehmen. Die Bibel hat auch in dem Bereich recht!

Sich wohl fühlen, echte Lebensfreude – das ist das beste Rezept, um gesund zu bleiben. Neben einer vernünftigen Ernährung, ist die seelisch-geistige Gesundheit Voraussetzung um glücklich leben zu können.

Schon das Wissen: Gott hält meine Zeit in seinen Händen, macht mich ruhig und zuversichtlich. Warum haben wir so viel Angst vor der Zukunft und fürchten uns vor manchem Dunkel, wo uns doch nichts und niemand aus seiner Hand reißen kann? Blumen welken und Schatten entfliehen erst dann, wenn Gott es bestimmt hat. Gott kümmert sich um uns. Es lohnt sich zu leben und zu hoffen. Er hat uns aus dem Tode zum Leben begnadigt durch unseren Herrn Jesus Christus.

Ich versuch in den Augen eines Kindes zu lesen

Eine Schulklasse von 40 Kindern wurde gebeten, ganz unbefangen ihr Anliegen an die Eltern zu richten. Sie taten es auf Blättern ohne Namen. Kaum eines war zu finden, das nicht um Frieden und Harmonie in der Familie bat: »Ihr sollt nicht streiten.« – »Ihr sollt euch vertragen.« – »Ihr sollt nicht böse Wörter sagen.« – »Ihr sollt nicht immer schimpfen . . .«

Das Eheleben der Eltern ist keineswegs deren Privatangelegenheit, denn es prägt teilweise das Schicksal der Kinder. Einige werden durch das Erlebte unfähig zur eigenen Ehe. Sie haben keine Ahnung, wie beglückend das Rollenspiel zwischen zwei sich ergänzenden Partnern sein kann – wie sie sich gegenseitig befruchten durch Ansichten, Ideen, Gedanken und fürsorgliche Liebe. Wie sollen unsere Kinder Persönlichkeiten werden, wenn sie um sich herum unheilvolle Spannungen, Konflikte und ewige Streitereien erleben?

Aus der Liebe der Eltern, in einer positiven Atmosphäre zu Hause, erwächst ihnen das positive Vertrauen, ohne das sie das Leben nicht meistern und liebgewinnen können. Ewig verkrampft stehen sie unter dem Zwang, es sich und anderen beweisen zu müssen . . . Nervös, unausgeglichen und lustlos ziehen so manche ihre Straße und in Jugendgerichtssälen hört man, daß sie aus Familienverhältnissen stammten, die schwer zerrüttet und abstoßend waren.

Ein Kind braucht mehr als Essen und Trinken, Taschengeld und ein warmes Bett. Kinderaugen sind oft richtungsweisender als eine Kompaßnadel und in ihnen finden wir Hinweise für unsere eigenen Fehler und Schwächen, die es abzulegen gilt.

Selbsterziehung ist Voraussetzung jeder Kindererziehung. Lisbeth Burger schrieb dazu: »Ein jähzorniger Vater kann doch nicht damit rechnen, daß seine Buben sich eine Mahnung zur Sanftmut wirklich zu Herzen nehmen, solange sie des Vaters Zornausbrüche miterleben müssen. Oder eine launische, verdrießliche Mutter kann nicht erwarten, daß ihre Kinder sich um ein gleichmäßiges, freundliches Wesen bemühen, solange sie selbst ihrer Laune die Zügel schießen läßt.«

Eines ist jedoch sicher: Wenn Eltern bemüht sind, wahrhaftig zu sein und ihre eigenen Fehler und Schwächen einzugestehen – sich auch einmal entschuldigen können, wenn sie unrecht getan haben – so behalten sie das Vertrauen ihrer Kinder auch dann noch, wenn diese schon groß geworden sind.

Wenn es im Alltag auch einmal zu Zwistigkeiten und Differenzen kommt, so ist es wichtig, daß Vater und Mutter das Wort Verzeihung kennen und die Kinder danach den wohltuenden Zustand des Versöhntseins erleben. –

Es gibt eine *teilnehmende Liebe,* die sich direkt auf die Seele des Kindes auswirkt und eine ruhige Ausgeglichenheit bewirkt. Dieses sich hineinfühlen und bewußt teilnehmen, kann aber nur, wer durch eigene Sorgen nicht zu sehr belastet ist . . .

Das Kind sollte wirklich alles erzählen können, ohne übertriebenen Jubel oder nicht endenwollendes Gezeter einheimsen zu müssen. *Alle* extremen Haltungen in der Erziehung – wie die antiautoritäre (alles gewährende) oder die übermäßig be- und einschränkende Erziehung sind nicht zum Guten der kindlichen Entwicklung. *Freiheit in notwendigen Grenzen* erbringt eine gesunde seelische, geistige Erfahrung.

Wo Bitten genauso zum Erfolg führen, kann barsches Befehlen unterlassen werden. Auch ein Kind hat Anrecht auf ein kleines, eigenes Leben »mit eigenen Werten«. Es gibt Entwicklungsphasen, Übergangskrisen, in denen oft Kleinigkeiten dem Kind wichtig, manchmal sogar unerhört wichtig sind. Wohl dem Vater, der dann das Kind bejaht und annimmt, um so die Chance wahrzunehmen, sein Kind weiterzuführen zu jenen Werten, die wirklich entscheidend sind.

Gerade im Prozeß der Entfaltung und des Anderswerdens braucht der junge Mensch Begleitung und verständnisvolles Vertrauen. Wir Menschen brauchen einander: Der Mann seine Frau, die Frau ihren Mann, das Kind Vater *und* Mutter. Wir leben von einem guten Wort, einem aufmunternden Blick, einem liebevollen Lächeln, einem zustimmenden Nicken. Eines muß fürs andere Heimat sein und bleiben. –

Wilhelm Willms schrieb einmal:

»Wußten Sie schon, daß das Anhören eines Menschen Wunder

wirkt, daß das Wohlwollen Zinsen trägt, daß ein Vorschuß an Vertrauen hundertfach auf uns zurückkommt?«

Mag jemand nun denken: Du kennst mein Leben nicht. Die engsten Vertrauten haben sich von mir abgewandt. Du kennst den Abgrund meiner Schuld ebensowenig, wie die grauenvollen Lebensumstände, in denen ich existieren muß . . . Das ist doch alles an der Realität vorbeigeredet.

Vielleicht scheint es so. Doch, wenn auch die Einsamkeit zur Qual werden sollte, wenn der Abgrund dich zu verschlingen droht; wenn du ein Heim, solche Eltern wie beschrieben, nie hattest, so glaub' es dennoch: *Hilfe ist erfahrbar!*

Psalm 27, Vers 10: »Mein Vater und meine Mutter verlassen mich, aber der Herr nimmt mich auf.«

Die Liebe Gottes kann leiten und buchstäblich Wunder wirken. Schöpfe täglich neu aus Gott, dem Quell aller Liebe. Jesus lädt dich ein und sagt: »Kommt her zu mir ihr Mühseligen und Belasteten, ich will euch erquicken . . .«

Fröhliches Christenleben

Gesunder Humor sollte die Grundstimmung eines gläubigen Menschen ausmachen. Gerade heute brauchen wir ein herzhaftes, froh- und freimachendes Christentum, um dadurch Dunkles und Trauriges zu überwinden.

Viele haben das Wort Evangelium »Frohe Botschaft« nicht verstanden. Ihre Verkündigung besteht lediglich aus Geboten und Verboten. Sie reden dauernd von der Sünde, aber wenig von der Freude des Erlöstseins.

Menschen, die aus dem Worte Gottes leben und so den Feinden der Freude, den Leidenschaften und Sünden, den Weg versperren, werden zu »lachenden Christen«.

Glück und Freude haben ihren Grund . . . Wenn der »HERR« Wurzelgrund des Lebens ist, so ist dieser Grund tief und unzerstörbar. »Die Freude am Herrn ist unsere Stärke.« Diese Kraft läßt den Menschen Herr werden über die dunklen Mächte seiner Triebe und triumphieren über alle Bedrängnis von innen und außen. Klimaerwärmung, Luftverschmutzung, Umweltschäden, saurer Regen – heißer Diskussionsstoff! –

Wie steht es aber mit der geistigen Verschmutzung des Menschen? Unsicherheit und Angst nehmen überhand, weil der geistige Wurzelgrund der Seele vergiftet ist.

Ein Kind schrieb auf ein Blatt Papier während einem Schülergottesdienst: »Jesus, ich danke dir, daß du alle Menschen gern hast. Hilf uns, Gott, daß wir die Aufgaben, die du uns stellst, ohne Angst lösen dürfen.«

Es gibt eine heilende Stille in der wir die hilfreiche Nähe Gottes erfühlen und ihm spontan unsere Bitten und Danksagungen kundtun. Wir brechen plötzlich durch, zu einem Christentum des Glücks und Lachens, über welches Karl Barth schrieb:

»Freude gibt es jetzt, in der nicht nur Brot gegessen, sondern auch Wein getrunken, nicht nur geredet, sondern auch gesungen und gespielt, nicht nur gebetet, sondern auch getanzt werden darf – und muß. Dem Menschen, der die biblische Botschaft hört und beherzigt, ist es nicht erlaubt, sondern klar verboten, ein unfroher Mensch zu sein.«

Krieg, Aufruhr, Streit, Chaos . . . »Erschrecket nicht!«

»Erschrecket nicht, wenn nah und fern Kriege ausbrechen. Es muß so kommen, aber es ist noch nicht das Ende. Ein Volk wird gegen das andere kämpfen, ein Staat den andern angreifen. Es wird überall Hungersnöte und Erdbeben geben. Das ist der Anfang vom Ende – so wie der Beginn der Geburtswehen« (Matthäus 24, 6—8; Die gute Nachricht).

»Das ist der Anfang vom Ende« . . . *Doch an diesem Ende steht Gott!* Das Ende wird Licht sein und mündet in einen unbeschreiblich schönen Morgen.

In einer Welt, die verworren und chaotisch ist, hören wir das tröstliche, fundamentale Herrenwort: *»Erschrecket nicht!* Wenn auch das 24. Kapitel des Matthäusevangeliums eine treffliche Situationsschilderung der »Endzeit« ist, so hören wir dennoch den hellen Tenor durch alles hindurch: *»Ich komme«* . . .

Wenn »Gottes Wort« in uns lebt, wenn Christusworte unsere Seele erhellen und sie zuversichtlich stimmen, so stehen wir über den miesen Pressemeldungen, die tagtäglich in unser Haus schneien. *Wir wissen: Der Mensch produziert ja eben »den Anfang vom Ende«.*

Der Mensch, habe ich gesagt oder *ist etwa Gott schuld* an der Verpestung der Luft, der Verseuchung des Wassers?

Entwickelt er Giftgase und Atomraketen? Werden die Kanonen und Panzer von ihm gebaut? *Nein, es sind die Menschen, die in der Gottesferne leben, die das tun!* –

Mit David möchte ich rühmen: *»Die Himmel erzählen die Ehre Gottes, und die Feste verkündigt seiner Hände Werk«* (Psalm 19, 2).

Gott schuf ganz andere Dinge, keine Mordgeräte!

Ihr Herz, zum Beispiel, lieber Leser. Es wiegt nur 300 bis 400 Gramm. Es ist ein Mini-Pumpwerk mit enormer Leistung. *Über 100000mal schlägt es am Tage* und somit 2,5 milliardenmal in 70 Jahren. In dieser Zeit bewegt es rund 150 Millionen Liter Blut. Wir sind ein sensationeller, prachtvoller Gedanke Gottes. Dieser geniale Schöpfer hat uns lieb, will uns bei sich haben in der

Ewigkeit und heute ist er »bei uns« und das »alle Tage bis an der Welt Ende«!

Als Wanderbursche, der das Evangelium verkündigt, darf ich es immer wieder erleben, wie das Licht plötzlich durch die dunklen Wolken bricht. Aus einem zaghaften Menschen, der überängstlich lebt und sich fast zu Tode sorgt, wird ein mutiger Verfechter der Sache Gottes, der tief in sich weiß »Das Schönste kommt noch!«

Nicht sterben sondern heimgehen! *Nicht* Leid und Schmerz ist die Zukunft, denn »Gott wird abwischen alle Tränen von ihren Augen . . .« Er sagt: *»Ich mache alles neu«* (Offenbarung 21, 4. 5).

Am Ende des Lebens steht nicht der Tod, sondern die ewige Herrlichkeit. Man sollte annehmen, daß dieses Wissen uns pausenlos zum Danken treibt.

Wer überwindet, der wird es alles ererben, und ich werde sein Gott sein, und er wird mein Sohn sein« (Offenbarung 21, 7).

»Lasset uns aufsehen auf Jesus, der den Weg des Glaubens vorausging und der das Ziel erreichte, das der Glaube erreichen wird« (Hebräer 12, 2a).

Meditation oder Gebet?

Was haben wir von der »Meditationswelle« zu halten, die über das christliche Abendland hinwegrollt? Ist es nur eine Flucht vor der Realität, oder vielmehr ein notwendiger Rückzug, der unterernährten Seele, in den Gefühlsbereich? Nicht jedes meditieren – in sich hineinhorchen, endlich einmal denken und stille werden – ist zwangsläufig Yoga.

Dieses letztere aber, das muß gesagt sein, ist dem wahren Christusglaube wesensfremd!

Wir haben es hier mit Selbsterlösung und Selbsthilfe zu tun, während der Christ seine Hilfe bei Gott sucht und findet.

Weshalb die leidenschaftliche Hinwendung so vieler Menschen zu den fernöstlichen Meditations-Lehren?

– Die intellektuelle Verhärtung des Lebens in unserer technisierten Welt steht uns im Wege. Die Einheit von Geist Seele und Leib ist gestört und der Mensch sieht sich nicht mehr als Geschöpf eines weisen Gottes. Seine Lebensgemeinschaft mit einem gütigen Vater, der besorgt über uns wacht, ist zerstört. Seine bedeutungslose Rolle auf der Bühne des Daseins kränkt ihn. *Wir haben es hier mit einem Protest der Seele gegen die Kälte in unserem gehetzten Leben zu tun!*

– Der verunsicherte Mensch hat kein Gottvertrauen mehr und will seine eigenen Lebenserfahrungen machen. Aus seiner rationalisierten Welt will er ausbrechen und findet nun hierzu in den phantastisch, in allen Farben schillernden fernöstlichen Lehren das notwendige Rüstzeug.

– Eine unbewußte innere Auflehnung des enttäuschten Menschen gegen alles althergebrachte, wie Bibel und Pfarrer . . . – eine Hinkehr zu dem Neuen, Fremden, Mystischen, zu dem noch nicht Abgegriffenen.

Beten – das Atmen der Seele

Der Ursprung unseres Lebens ist im Willen Gottes zu finden; deshalb zurück zum Ursprung, zur Liebe Gottes! Das Gebet gleicht einer Brücke, auf welcher uns der Segen des Allmächtigen entgegenkommt. Wir klopfen an der Himmelspforte und uns wird aufgetan. Wir bekommen Verbindung mit dem Schöpfer, Erhalter und Vollender des Lebens. Das Gebet ist der einzige Weg zum Herzen Gottes. Täglich neu müssen wir uns wieder anschließen am göttlichen Segensstrom durch Dank, Bitte und Fürbitte, Lobpreis und Anbetung. Welch ein Geschenk »sich vor Gott aussprechen« zu dürfen! Durch aufmerksames Hinhören empfangen wir göttliche Weisung. Mit ihm darf ich alles besprechen!

Die Sorgen und Nöte werfen wir auf den Herrn und von ihm kommt Ruhe, Friede und Vergebung. »In Gott geborgen und verborgen sein«, das ist das Geheimnis.

Jesus sagt: »Niemand kommt zum Vater denn durch mich.« Er lehrt uns in seinem Namen zu beten. »Im Namen Jesu finden wir den Zugang direkt zum Vater, zur ewigen Schöpferkraft, zum Segen Gottes, der höher als alle Vernunft ist. Endlich durchbrechen wir das Schattenhafte der irdischen Vergänglichkeit, der fade Alltag wird verwandelt wie Wasser in Wein.

Prof. Dr. med. A. Carrel, der gläubige Nobelpreisträger sagte: »Das Gebet, das seine Wirkungen bis ins Organische ausstrahlt, ist von besonderer Art: Es befreit von Eigensucht, wirkt pathologischen Schädigungen entgegen, verursacht Heilungen, öffnet dem Menschen eine neue Welt.«

»Lieber Vater im Himmel, im Namen Jesu, deines geliebten Sohnes komme ich jetzt zu dir. Herr, hilf mir . . . Herr, vergib mir . . . wasch mich rein mit deinem kostbaren Blut. Herr, hilf du mir jetzt doch still zu werden vor dir und schenk mir Geduld, zu warten bis ich merke, was du zu meinen Plänen sagst. Ich möchte mehr beten und alles mit dir besprechen. Herr, die innigsten Gedanken meines Herzens darf ich dir sagen . . . Herr, du liebst mich und das macht mich froh. Entfache auch meine Liebe zu dir immer wieder neu. Herr, komme bald und mach mich bereit, dir zu begegnen. Amen.«

Therapie Gottes
Nach dem Dunkel kommt ein neuer Morgen

Viele Menschen fühlen sich unwohl, wenn sie einmal ihr Soll an Jammern und Klagen nicht erfüllen können. Sie finden stichhaltige Gründe genug, um ewig pessimistisch in die Zukunft zu schauen. Resigniert machen sie es sich irgendwie bequem in behaglicher Schwermut. Diese ewig Angefochtenen kritisieren alles und jeden, sind immer auf einem Auge blind, denn sie sehen beharrlich nur das Negative.

Der Umgang mit ihnen wirkt ansteckend und führt sensible Naturen in Hoffnungslosigkeit, die zur Zwangsjacke wird und kaum noch atmen läßt.

»Sage mir, mit wem du gehst und ich sage dir, wer du . . . wirst.« Umgang mit Gott und seiner Natur, ja auch mit fröhlichen Menschen ist das beste Lebenselixier . . .

Schon viele Jahre verbringen wir unsere Ferien in den Schweizerbergen. Ein paar Chalets stehen verstreut zwischen schneebedeckten Tannen und hundert Meter weiter unten liegt ein zugefrorener Bergsee, auf dem sich Skilangläufer tummeln. Das Holzhaus neben uns ist braun, gegen die Mitte zu dunkelbraun, ja fast schwarz.

Was für eine Kraft hat doch die Sonne da oben, sie verbrennt nicht nur das Holz, sie bringt auch die Schneekristalle millionenfach zum Glitzern und Funkeln. Ein Spruch ist eingeschnitzt ins dunkle Chaletholz. Ich kenne ihn längst auswendig und doch bleibe ich immer wieder davor stehen: *»Glück und Unglück beides trag' in Ruh'. Alles geht vorüber und auch du!«* Alles geht vorüber. – Schon seit 1919 steht das Haus da. Ob wohl der Bauherr noch lebt? *Alles geht vorüber,* deshalb darfst du Glück und Unglück in Ruhe annehmen: Das Glück – dankbar genießend. Das Unglück, sprich die Prüfungen, Anfechtungen ja Zulassungen Gottes – alles ist nur ein Zeitproblem. Plötzlich sind wir am Ziel, du und ich, und unser Vorübergehen gleicht den Spuren im Schnee.

Warum vergiftet Altersfurcht so vielen das Leben?

Ein paar graue Haare, ein neues Fältchen, alles wird aufmerksam zur Kenntnis genommen und als Minderung des Persönlichkeitswertes verbucht. Doch plötzlich versucht man wieder, das Alter aus dem Bewußtsein zu verdrängen. Bei vielen ist der Übergang in den Nachmittag des Lebens ein dramatischer Akt. Sie versuchen ihre Umwelt zu täuschen und spielen den Junggebliebenen, wirken durch ihr Tarnen komisch, ja lächerlich. Sie weigern sich, über die Zukunft nachzudenken, und so geht das Glück der besten Jahre an ihnen vorbei.

In ihrer Angst bedeutet älter werden Verkalkung, Einsamkeit, ja Altersheim. Sie sind gefangen in ihrer Altersfurcht – unfähig, den Glanz der reifen Jahre zu erleben. Alter kann doch vor allem Freizeit, Frieden, Glück, Freiheit, Lebensfülle und Reife bedeuten. In allem Ernst sagte mir ein betagter Freund: »Das Leben fängt erst mit sechzig an!« Wenn auch das Lebenstempo etwas langsamer wird und die Quantität der zu erwartenden Jahre abnimmt, so kann doch alles, durch die gewachsene Qualität des Lebens, aufgewogen werden.

Die große Zeit der vertieften Zuwendung zu Gott und dem Nächsten ist gekommen.

Es ist beglückend und erfrischend, Menschen zu begegnen, die ihre Lebensphase erkannt haben und bewußt in ihr leben. Sie sind ausgeglichen und gut gelaunt. Innerlichkeit und Festigkeit sind Pfeiler auf denen sie ruhen. Sie können herzhaft lachen und sich freuen.

Sie erleben ein glückliches Alter, auf das sie sich vorbereitet haben. *Der Übergang in einen neuen Lebensabschnitt* ist ein belebendes Wechselbad und vermittelt uns neue Einsichten und Impulse.

Marie von Ebner-Eschenbach sagte treffend: *»Das Alter verklärt oder versteinert.«* Die Wahl liegt bei jedem von uns. Ich möchte unbedingt den Weg der Verklärung wählen! Versteinert heißt: In der Vergangenheit leben und unfähig, festgefahrene Ansichten zu ändern und sich neuen zuzuwenden.

Wer auf dem Weg der Verklärung geht, hinterläßt Segensspuren und weiß, daß HEUTE der erste Tag vom Rest des Lebens ist! . . .

Alter ist kein Hindernis, Tüchtiges zu leisten . . . Albert Schweitzer war mit neunzig noch tätig in seinem Spital in Lambarene. Konrad Adenauer wurde als Dreiundsiebzigjähriger deutscher Bundeskanzler und mit neunzig Jahren besuchte er noch seinen Freund David Ben Gurion in Israel. Theodor Heuss schrieb in »Geist der Politik«: *Man muß auf anständige Weise verstehen, älter, später vielleicht alt zu werden, um die Chance zu wahren, jung zu bleiben.«*

Es gibt eine Chance jung zu bleiben. Sie heißt: *Kindliches Gottvertrauen:* Ich weiß, daß Gott die ganze Verantwortung für mein Leben übernommen hat und daß weder Vergangenheit noch Zukunft IHN einengen können.

Der ewig Gegenwärtige umgibt mich von allen Seiten. Tag und Nacht. ER ist ein Gott, der Wunder tut und auf deinen Hilferuf antwortet. Jesus ermahnt uns aus Liebe: *Sorget nicht für das Morgen, denn der morgige Tag wird für das Seine sorgen . . .«*

Wir dürfen wie Kinder werden und die Hände öffnen, loslassen und wieder beschenkt werden. Wir haben es mit einem gütigen, allweisen, allmächtigen Vater zu tun!

Wie können wir diese Lebenseinstellung verwirklichen?

Es gibt eine heilende Stille. Im Kämmerlein läßt uns Gott verjüngende Kraft zuströmen. Es ist eine stille Zeit, die man allein mit dem Herrn erlebt. Da sagt ER dir ganz leise: *»Komm nur, mein liebes Kind, ich halte dich fest. Ich bin für dich da. Hab keine Angst, ich will doch, daß es dir wohl ergeht und du den rechten Weg findest. Vertraue mir nur ganz, ich führe dich auf rechter Straße um meines Namens willen. Ich will nur dein Bestes!*

Und doch kann es mal vorkommen, daß wir fassungslos vor seinem »Ratschluß« stehn, aber gerade dann streckt er uns seine Hand entgegen, hält uns und trägt uns durch.

»An jenem Tag wirst du sagen: Siehe, Gott ist mein Heil, ich bin sicher und fürchte mich nicht, denn Gott der Herr ist meine Stärke und mein Psalm und ist mein Heil . . . Lobsinget dem Herrn, denn er hat sich herrlich bewiesen . . .« (Jesaja 12).

»Ja, ich will euch tragen bis ins Alter und bis ihr grau werdet. Ich will es tun, ich will heben und tragen und erretten« (Jesaja 46, 4).

Der »Neue Mensch« singt ein »neues Lied«!

Als wir auf der Insel Patmos unsere erbaulichen Andachten über die Offenbarung des Johannes erlebten, lobten wir Gott aus übervollen Herzen. Besonders ein Kanon äußerte so recht, was wir empfanden: *»Singet dem Herrn ein neues Lied; denn er tut Wunder . . .«* (Psalm 98, 1).

Mindestens ein dutzendmal werden wir in der Heiligen Schrift, dem größten Psychologie-Buch, aufgefordert, Gott ein neues Lied zu singen. Der *neue* Mensch, das *neue* Lied, der *Neue* Bund, ein *neuer* gewisser Geist, welchen wir durch den Glauben empfangen, das alles gehört zum Reich Gottes.

Unser ganzes Leben sollte ein Lobgesang werden.

Wenn ein Mensch durch Jesus Christus eine Neuschöpfung wird, regiert ihn Liebe und Freude. Er jubelt und singt, sein Gesicht strahlt vor innerem Glück. Dieses Feuer hat Jesus auf die Erde gebracht und uns möchte Er als Fackeln senden, überall hin, um neue Feuer zu entzünden. *Diese Welt braucht dringend ein neues Antlitz!* Sind wir Christen in der Lage, es ihr, durch die Kraft des Herrn, zu vermitteln?

Jedesmal, wenn ich den Namen Nietzsche lese, trifft mich sein Vorwurf aufs Neue: »Erlöster müßten die Christen sein, wenn ich an ihren Erlöser glauben sollte . . .«

Bei vielen ist der Jubel verstummt, das Salz »dumm«, geschmacklos geworden und das Licht erloschen. Zu viele traurige und niedergeschlagene »Heilige« bevölkern unsere Versammlungen . . .

Die Freude am Leben haben sie eingebüßt und wurden voll tierischen Ernstes.

Warum wurden so viele schwung- und mutlos?

Wo zuviel Gesetz und Enge gepredigt wird, kommt der Gläubige in eine ängstliche Bedrückung hinein. Nicht umsonst schreibt der Apostel Paulus den Korinthern: *»Wo der Geist des Herrn ist, da ist Freiheit«* (2. Korinther 3, 17).

Laßt uns mehr über die Liebe und Gnade sprechen, damit die Menschen frohgemut in die Weite blicken können.

Augustinus sagte treffend: »Glücklich, wer dich liebt, und *in dir den Freund und den Feind* um deinetwillen.

Dich verliert nur, wer dich verläßt . . . Eine unergründliche Tiefe ist der Mensch. Du hast die Haare seines Hauptes gezählt und bei dir geht keines verloren. Eher aber lassen sich seine Haare zählen als seine Empfindungen und Neigungen des Herzens.«

Sirach fordert uns auf: »Mache dich selbst nicht traurig und plage *dich nicht selbst mit deinen eigenen Gedanken.* Denn ein fröhlich Herz ist des Menschen Leben und seine Freude ist sein langes Leben. Tue dir Gutes und tröste dein Herz und treibe Traurigkeit fern von dir. Denn Traurigkeit tötet viele Leute und dient doch zu nichts.

Eifer und Zorn verkürzen das Leben und Sorge macht alt vor der Zeit. Einem fröhlichen Menschen schmeckt alles wohl, was er ißt« (Kapitel 30, 22–27).

. . . Und wenn's schmeckt, dann schlägt's auch an. Die Chinesen haben schon recht mit ihrem Sprichwort: »Friede im Herzen erweitert den Leib!« . . .

Es gibt eine höhere Wirklichkeit! Durch das Vertrauen auf das Göttliche, durch intensive Anteilnahme am Schicksal anderer, durch Selbstlosigkeit und das Sich-immer-wieder-Fallenlassen in die Arme eines weisen Vater, erlebst du Entspannung, und ist das beste Heilmittel gegen wiederkehrende Depressionen.

»Tue dir Gutes . . .«

Das heißt: gönne dir selbst etwas! Umgib dich mit ausgesuchten Dingen, die Freude am Schönen wecken.

»Tröste dein Herz . . .«

Gönne dir eine Viertelstunde Ruhe und lies einen Psalm und du wirst erleben, wie göttliche Gedanken dich in Harmonie mit dem Unendlichen bringen und du in eine ruhige Gelöstheit hineinkommst ohne Tabletten und Antidepressiva.

»Treibe Traurigkeit fern von dir . . .«

Die Freude besteht aus lauter »kleinen Freuden«, die uns den Alltag erhellen. Sie fliegen einem nicht von selbst zu. Man muß sie sehen und erkennen wollen. Sich erfreuen kann gelernt werden. Aufnahmebereitschaft für alles . . . *was wahrhaftig ist, was ehrbar, was gerecht, was keusch, was lieblich, was wohl lautet, ist etwa eine Tugend ist etwa ein Lob* . . . (Philipper 4, 8).

Und dann der Wille, sich auch selber eine Freude zu machen, das heißt: Traurigkeit austreiben.

An den dunklen, kurzen Wintertagen zünde ein paar farbige Kerzen an. Das kurze Sätzlein: »Freut euch!« steht ein paar Hundert Mal in der Bibel und es ist nicht guter Rat, sondern Gebot.

»Nur wer die Freude hat, kann Bote Christi sein« (v. Balthasar) und lieben bedeutet Freude schenken.

Doch ich höre den Einwand: Kann ich mir denn selbst befehlen »jetzt bist du froh!« Nein, lieber Leser, aber es will erbeten sein. *»Das habe ich euch gesagt, damit meine Freude in euch sei und eure Freude vollkommen werde«* (Jesus, Johannes Kapitel 15).

»Wenn der Christ als Mensch auch tausend Gründe hat, traurig zu sein, als Christ hat er immer wenigstens einen, froh zu sein: nämlich, daß Gott mit ihm ist« (Reggio).

Hast du auch tausend Gründe traurig zu sein?

Die Bibel kennt ein Miteinander von Leid und Freude. Diese beiden Gefühle stehen nicht auf gleicher Ebene. Die »Freude am Herrn« ist *viel tiefer verankert* in unseren Herzen als die Traurigkeit. Paulus schreibt: *». . . als die Traurigen, aber allezeit fröhlich.«*

Er ermahnt: ». . . seid fröhlich in Hoffnung, geduldig in Trübsal . . .«

Um das zu erreichen, »haltet an am Gebet« (Römer 12, 12).

Dein Leben – ein Loblied ohne Noten?

**Unser Leben – verborgen und aufgehoben.
Gott ist kein Polizist, sondern Vater und Freund.
Unterwegs auf himmlischem Kurs.**

Wer kennt sie nicht, die berühmten »Lieder ohne Worte« von Mendelssohn? Es gibt aber auch Loblieder ohne Noten, im Herzen dankbarer Menschen. Immer neue Strophen werden gedichtet und laut oder leise vor Gott ausgesprochen:

»Herr, öffne mir du die Augen für alles Gute, das du mir gegeben hast. Mache mein Leben zu einem Dankpsalm und gib mir immer wieder das frohe Vertrauen auf das Hereinbrechen deiner Herrschaft in deine ganze Schöpfung. Dein Endsieg ist gewiß.«

Wer viel Umgang hat mit den Psalmen, dem Gebet- und Gesangbuch der Bibel, dessen Leben wird ein Loblied.

Dr. Martin Luther schreibt im Vorwort zum Psalter: *»Wo findet man feinere Worte der Freude, als die Lobpsalmen oder Dankpsalmen haben? Da siehest du allen Heiligen ins Herz, wie in schöne, lustige Gärten, ja wie in den Himmel: wie feine, herzliche, liebliche Blumen darinnen aufgehen von allerlei schönen, fröhlichen Gedanken gegen Gott und seine Wohltat . . .«*

Doch es gibt auch andere Psalmen – verzweifelte Herzensschreie einer geängsteten Seele, die nicht mehr ein noch aus weiß und doch den einzigen Weg gefunden hat, zu Gott nämlich, der helfen kann. Diese Gebete mobilisieren uns zum Kampf gegen den krankmachenden Fatalismus.

Oft fühlst du dich gelähmt und solltest doch versuchen, Schritte zu machen. Statt leblos und kalt, könntest du versuchen offen, lebendig und warm zu sein. In allen Krisen, die dich immer wieder erschüttern, darfst du wissen: mein Leben ist geborgen und aufgehoben beim Herrn, was immer auch geschehen mag. Gott ist kein Polizist, der mich unbarmherzig, meiner Übertretungen willen, anzeigt und dem Richter überführt, sondern er ist ein verzeihender Vater und Freund, der mir immer wieder den Weg des wahren Lebens weist. Unser Leben kann ein fortwährendes Gespräch mit dem »Du« Gottes sein. Da hört jede selbstgewollte Illusion auf und wir werden still und transparent.

Wie oft schleicht sich ein Schaltfehler in unser Dasein, so daß sich aus dem Hören kein Tun ergibt. Der zündende, tätige Funke des Heiligen Geistes ist notwendig, damit wir richtig hören und von unserer Schwerhörigkeit geheilt, der Vereinsamung, ja Depression entgehen.

Jesus, unser Vorbild, sagte ein bedingungsloses Ja zum Leben und er schuf überall wo er hinzog angstfreiere und liebevollere Verhältnisse durch seine lebendigmachenden Worte. Kürzlich stand ich am Sterbebett einer jungen Mutter: drei kleine Kinder, ein Mann, der seine Frau innig liebt und auf ein Wunder hofft. Ihre Kraft schöpfen sie aus dem lebendigen Glauben. Der Tod bedeutet für sie nicht letztlich Vernichtung, das Ende schlechthin, sondern er führt in eine neue Dimension – heim ins »Vaterhaus«. Sie wissen: *»Des Gerechten Gebet vermag viel, wenn es ernstlich ist.«*

Sind es nur Worte, die wir den mächtigen, unmenschlichen Kräften gegenüber setzen, wenn wir mit dem Kranken beten, wenn wir den Verzweifelten trösten, dem Gefangenen die Freiheit verkündigen und für die Gefolterten und Geplagten zum Himmel schreien?

Sind es nur Worte? *Ja, es sind nur Worte!* Doch wenn sie ankommen, wenn Gott sie hört und ihnen Macht und Wirkung verleiht, dann erleben wir Ihn und plötzlich *dürfen wir zuhören,* wenn er durch sein Wort spricht: *»Ich will die Müden erquicken und die Verschmachtenden sättigen«* (Jeremia 31, 25).

Viele sind müde geworden, weil sie zuviel rennen und jagen und doch nichts dabei herauskommt. Aber der Herr will dich aus deiner resignierenden Müdigkeit in seine tiefe Gottesruhe führen, aus der du wieder neu gestärkt aufstehen kannst.

Er gibt dir Brot und Wein, er erquickt dich nach Geist, Seele und Leib.

Tod und Anfechtung

Alles schien Niederlage und Katastrophe zu sein! War der Sieg verschlungen in den Tod? Quält auch uns oft die bange Frage: »Wer wälzt uns den Stein von des Grabes Tür?« Wir denken an den Gekreuzigten, setzen uns für ihn ein, – doch er ist tot und wir behandeln ihn wie eine Mumie. Wir erwarten weder Kraft noch Durchsicht von ihm.

Die drei Frauen wollten ihn einbalsamieren. Sie suchten den Lebendigen bei den Toten. Doch der Stein ist weggewälzt! Das leere Grab bezeugt: *»Der Tod ist verschlungen in den Sieg. Tod, wo ist dein Stachel? Hölle, wo ist dein Sieg? – Gott aber sei Dank, der uns den Sieg gegeben hat durch unseren Herrn Jesus Christus«* (1. Korinther 15, 55. 57).

Auferstehung bedeutet, daß wir schwachen Menschen auf der Seite des Siegers stehen dürfen! Der Stein ist weggewälzt, doch nicht durch unsere Anstrengungen sondern durch Gottes Wunderwirken.

Luther sagte in seiner Osterpredigt von 1531: »Wer auf seine Werke vertraut, der sucht Jesus bei den Toten.« Es ist wahr und im Alltag erlebt: »Mit unserer Macht ist nichts getan, wir sind gar bald verloren.« Doch durch den Glauben erfasse ich, daß Gott Jesus auferweckt hat und damit ist Ostern mein Sieg über falsche Angst vor Menschen, Mächten und der drohenden Zukunft!

Ostern ist auch mein Sieg über den Tod, denn mein ewiger Platz ist am Herzen Gottes. *Martin Luther* hat es nachempfunden in der Tiefe seines Herzens, wenn er sagt: »Christ ist erstanden – diese Worte sollte man mit großen Buchstaben schreiben, daß jeder Buchstabe so groß wie als ein Turm, ja wie Himmel und Erde, daß wir nichts anderes sehen, denken, noch wissen.«

Eilende Erwartung – wartende Eile

»Es wird aber der Tag des Herrn kommen wie ein Dieb in der Nacht . . . wartet und eilet zu der Zukunft des Tages des Herrn . . .« (2. Petrus 3, 10a. 12a).

Ein lebendiger Christ lebt immer im Advent.

Erwartung, Hoffnung und Gewißheit sind feste Bestandteile seines Lebens. Der Ruf aus der oberen Heimat, der tiefe Glokkenton der Ewigkeit, hat in seinem Herzen ein Echo ausgelöst und dadurch wurde die Ursehnsucht des Menschen nach Liebe und Geborgenheit in ihm gestillt.

Als *Erwartete* sind wir zielstrebig unterwegs, doch auch Er, in dem Zeit und Ewigkeit eins sind, von dem wir im Credo sagen: »wahrer Mensch und wahrer Gott«, ist ständig unterwegs auf uns zu. Wir starren nicht ins Blaue. Wir marschieren nicht im Dunkeln ins Ungewisse, sondern Tag für Tag geht es ihm entgegen.

Natürlich scheint es so, als ob heute ganz andere Mächte das Wort führten und das Heft in der Hand hätten. Die Teufeleien und das Unrecht in der Welt, Krankheit, Tod, Schmerzen, Empörung und Anfechtung lassen viele irr werden.

Sie werfen ihre Hoffnung weg, meinend, er habe die Zügel der Weltregierung endgültig aus der Hand gegeben. Sie tragen schwer, weil sie denken: Da gibt's keine Hilfe. Da kann auch Gott nichts machen, als ob es bei ihm Unmöglichkeiten gäbe. Mit Wonne sieht der Feind uns düster und schwermütig werden.

Warum stehen wir eigentlich so lange niedergeschlagen und depressiv vor der Schatzkammertür unseres Heilandes, der uns doch versprochen hat: »Wer anklopft, dem wird aufgetan«?

Weshalb bringen wir unsere größte Sorge nicht ihm, der doch helfen kann? Sollten wir nicht endlich beten: »Herr, vergib mir meinen ewigen Kleinglauben?«

Und doch: Es bleibt bei dem, was vor Jahren ein russischer Christ, kurz vor seiner Hinrichtung, einem führenden Schergen in Moskau antwortete. Dieser fragte ihn, ob er denn im Ernst noch glauben würde, daß Jesus Christus und sein Wort in dieser Welt stärker seien als Moskau und der Kommunismus, »es mag sein, daß ihr heute und vielleicht auch morgen noch triumphiert, doch in Kürze wird unser Herr Jesus Christus euch alle überwinden und als Siegesheld die Weltherrschaft übernehmen.«

Das ist die Sprache des Glaubens! Lieber Leser, Christus hat auch die Macht, dich durch diesen Tag zu bringen, trotz deiner Schwachheit. Er möchte dir beistehen und deine Traurigkeit überwinden.

Er will dir helfen, deine Versuchungen zu meistern. Jesus Christus hat alles in Fülle, was du heute brauchst.

Ohne Ihn wäre unser Leben ein dunkles Rätsel ohne Plan und Sinn. *Weil wir aber das krönende Ziel wissen,* gehn wir unseren Weg auf Erden getrost und geduldig. Die Macht der Welt mit ihrem furchtbaren Druck der Zeit dürfen uns nicht bange machen. Wir wissen uns getragen und umgeben von der Gegenwart dessen, der gesagt hat: »Ich bin das A und das O, der Anfang und das Ende.«

Weil wir diese Gewißheit haben, brauchen wir die Menschen nicht mit Drohungen, mit törichten und gewagten Berechnungen über die Zahl 666, mit Bibelstellen, die gewaltsam aus dem Zusammenhang herausgerissen werden, ja schlicht mit schädlicher Sensationshascherei an uns zu ketten! Völlig unabhängig vom Kommen und Gehen menschlicher, oft fromm getönter Meinungen – jenseits vom »Wellenschlag kurzlebiger Auslegungen« – kennen wir das Endziel aller Geschichte: Ich speche vom Reich Gottes und der Offenbarung seiner Herrlichkeit.

Ohne eine lebendige Hoffnung können wir auf die Dauer nicht leben. Nur ein echter, tragfähiger Glaube hilft uns voran.

Jesus ist das Licht der Welt. Erst durch ihn lichten sich Nebel und Schleier über dem Heute und Morgen. Nur durch Ihn bekommen wir eine feste Marschroute, Trost, Halt und Sicherheit. Er lehrt uns »warten und eilen«, gibt uns eine tiefe Gelassenheit und führt uns immer neu aus der engen Zelle unserer Ichbezogenheit, unserer Launen und Sorgen.

Laßt uns die ratlosen und dunklen Stunden vergessen!

Licht, Freude und Segen in ihrer Fülle stehen vor uns! Laßt uns fröhlich warten, bis der helle Tag anbricht.

Laßt uns eilen, daß wir nicht zu spät kommen und beten:

»Herr bist du noch verborgen, so gib uns deine Kraft,
die Kraft, die alle Morgen aus Betern Zeugen schafft.«

Fürchte dich nicht, denn siehe, ich verkündige dir eine große Freude

»Fürchte dich nicht« heißt: Heraus aus der Enge, aus der Begrenztheit unserer Vorstellungen und Erwartungen. Hinein in die unendliche Weite göttlicher Liebe und Barmherzigkeit. Ein Platz an der Sonne, ein Raum zum Leben als Gotteskind mitten in dieser Welt, ist freigekämpft. Finstere Mächte und innere Zwänge können und dürfen uns nicht mehr schrecken, betören oder gar beherrschen. Ihr harter Griff löst sich im Kommen des Heilandes. Er ist der Mann, der die große Stille schafft, der Mann des Friedens.

Jetzt darfst und sollst du deine augenblicklichen Nöte, Ängste, Sorgen, aber auch deine Versäumnisse und Verfehlungen, deine Verbitterung, deine Zweifel, deine Lieb- und Freudlosigkeit, deine Komplexe und Spannungen getrost niederlegen vor dem Kind in der Krippe. Was dich auch von Gott und Menschen trennen mag, ist durch diese frohe Botschaft der großen Freude aufgehoben, durchgestrichen und überwunden. Dir und mir ist nämlich der Heiland geboren. Durch Ihn können wir Gott mitten ins Herz schauen und von der Sonne seiner Liebe werden wir gewärmt.

Das »Fürchtet euch nicht« kann nur Gott selbst sprechen und verwirklichen. Für dich setzt es einen neuen Anfang.

»Das Licht scheint in der Finsternis
muß Raum und Zeit durchdringen.
Und keine Macht, das ist gewiß,
kann dieses Licht bezwingen!«

Kein verschleiernder Schein sondern eine heilende Flamme. Im rauhen Klima dieser Welt bringt Zudecken oder Überkleben keine Heilung. *Gottes rettende Tat soll nicht als eine Beruhigungsmedizin für erregte Gemüter verstanden werden.*

Nicht eingebildete Linderung, sondern ganze Heilung ist die Botschaft der großen Freude. Gott redet *und* packt zu!

Der Wurzelstock wird gereinigt und neu gepflanzt. Was faul

und dürr ist, wird abgeschnitten und immer wieder erschallt das *»Fürchte dich nicht«,* und plötzlich kannst du das Liebeshandeln deines Herrn in deinem Leben erkennen. Was treibt denn eigentlich unser Leben in die Enge, in die oft ausweglose Lage? Wir haben uns dem rettenden Zugriff Gottes entzogen. Wir gehen unsere eigenen Wege und rechnen mit unseren menschlichen Möglichkeiten. Wir drehen uns im Kreise und um uns selbst. Wie töricht und kurzsichtig, wie hartnäckig sind wir Menschen doch . . .

Nur wo der Heiland sein reinigendes und erneuerndes Werk ganz tun kann, entsteht tragfähiges Leben; nur dann wird Angst und Sorge überwunden, durch seine Kraft.

Jesus ist bei uns an jedem Tag, in unseren Familien und unserem Berufsleben, unsichtbar zwar, aber in göttlicher Kraft und Herrlichkeit. Als der lebendige Herr will Er dein Leben begleiten.

Darum: *»Fürchte dich nicht.«*

Drei Gedanken

Eine alte Pfarrersfrau schrieb ihren Freunden drei Gottesworte, welche für sie stets Wegweisung, Ansporn und Richtschnur gewesen sind.

Drei Bibelverse mit jeweils nur drei Worten, doch wer sie sich zur Lebensregel macht, lebt richtig!

»Auf dein Wort . . .«

Jesus war in das Schiff Simons getreten und »bat ihn, daß er's ein wenig vom Lande führte. Er setzte sich und lehrte das Volk aus dem Schiff.« Es war nicht die erste Begegnung zwischen Simon, dem späteren Petrus, und Jesus. Andreas hatte ihn hingebracht. Doch diesmal saß Jesus in seinem Schiff! Petrus lauschte der fesselnden Botschaft und wurde innerlich gepackt. Am Ende der Predigt sagte Jesus zu ihm: »Fahre auf die Höhe und werfet eure Netze aus, daß ihr einen Zug tut.« – »Meister, wir haben die ganze Nacht gearbeitet und nichts gefangen . . .«

Jesus wußte es, am See Genezareth fischt man nachts und damals vor allem am Ufer.

»Meister, das weiß ich alles und du auch, aber *auf dein Wort* will ich das Netz auswerfen!« (Lukas 5, 5). »Fischerregeln hin oder her, *dein Wort soll gelten.* Nach dieser enttäuschenden Nacht habe ich gar nicht *das Gefühl,* daß ich jetzt, gegen alle Vernunft, Fische fangen kann . . . Was werden wohl meine Kollegen, die erfahrenen Fischer, denken, wenn ich hinausfahre und die Netze auswerfe?«

Aber *auf dein Wort* hin . . .

Dein Wort Herr, ist alle Morgen neu und tröstet mich.«

Petrus hat das Wunder erlebt, fiel vor dem Herrn nieder und sprach: »Herr, gehe von mir hinaus! Ich bin ein sündiger Mensch . . .« Begegnung, Sündenerkenntnis, Vergebung, Nachfolge!

Lieber Leser, das Wort des Herrn und das Befolgen desselben gestaltet Menschen um.

Als zweite Lebensregel nennt die alte Pfarrersfrau:

»Du hältst mich«

Der Psalmsänger Asaph ist enttäuscht! Er beobachtet die »Ruhmredigen und Gottlosen« und meint, denen ginge es viel zu gut . . .

Lieber Leser, wer die falsche Blickrichtung hat, kommt in Zweifel und Nöte. Asaph geriet in eine ernste Glaubenskrise. Da hilft nur eines: In der Stille, »im Heiligtum Gottes«, muß ich meine Blickrichtung korrigieren lassen! Ich muß zum *»dennoch«* des Glaubens finden!

»Dennoch bleibe ich stets an dir; denn *du hältst mich* bei meiner rechten Hand. Du leitest mich nach deinem Rat und nimmst mich endlich mit Ehren an« (Psalm 73, 23–24). Weil der Herr ihn aus Gnaden hielt, kam er wieder zurecht.

In der Kraft und Freude des Heiligen Geistes kann er nun bekennen: »Das ist meine Freude, daß ich mich zu Gott halte, und meine Zuversicht setze ich auf den Herrn, daß ich verkündige all dein Tun« (Vers 28).

Wir wollen es nicht vergessen: »Der Herr hält mich!« Sonst wären wir schon längst nicht mehr . . . Dieses Wissen gibt uns Mut freudig vorwärts zu blicken.

Die dritte biblische Lebensregel der erfahrenen Frau ist damit verbunden. Sie steht auch im Alten Testament. Israel sollte ausziehen! Sie sollten fertig zum Aufbruch dastehen. »Gegürtet um ihre Lenden, Schuhe an den Füßen, Stäbe in ihren Händen . . . und sollt das Passahlamm essen.«

»als die Hinwegeilenden«
(2. Mose 12, 11).

Ein Hinweis auf Jesus, das Lamm Gottes, welches der Welt Sünde trägt.

Die Israelis hatten das Blut an ihre Türpfosten gestrichen und dadurch Farbe bekannt. Aufbruch, Rettung, hieß die Parole. Sie sollten wartend dastehen *als die Hinwegeilenden!*

Wir alle sind die Hinwegeilenden! Die Jahre vergehn . . . Wir haben hier unten keine bleibende Statt . . . Bist Du zum Aufbruch bereit? Der Auszug in die Freiheit steht uns bevor!

Wir wollen uns bereit machen! die Posaune wird bald erschallen. Aufbruch! Vorwärts, ihm entgegen!

Vertrauensvoll in die Zukunft

Advent = Erwartung

Für uns ist die große Festzeit nicht vermehrte Belastung durch gesteigerte Unruhe und Betriebsamkeit. Nein, es sind Tage der frohen Erwartung, geheimnisumwoben mit Verheißungen auf die große Ankunft!

Ich wünsche Ihnen ein echtes Sichfreuenkönnen und kindliche Gläubigkeit, was so vielen verlorengegangen ist.

»Ich muß mich wieder selber finden . . .« sagte mir kürzlich ein dynamischer Geschäftsmann. Im Lärm seines hektischen Lebens hatte er die wichtige Stille, die wir bewußt suchen müssen, vernachlässigt. Möge doch für ihn und viele andere die *»Stille Nacht« Grundlage für einen Neuanfang werden* und nicht nur Gelegenheit zum Feiern. Die Frohbotschaft der Engel: »Fürchtet euch nicht . . .« ergeht heute an uns und wir sind aufgerufen, in diesem Kind in der Krippe den Sohn Gottes, unseren Retter und Helfer in jeder Not, zu erkennen. Der lebendige Jesus, der bei uns ist alle Tage, wird nicht durch menschliches Forschen und Suchen gefunden. Er ist das sichtbare Zeichen der Liebe Gottes, durch das alle Menschen glücklich, froh und frei zur Erkenntnis der Wahrheit kommen können.

Auf meinem Schreibtisch brennt eine Kerze und spiegelt sich zwiefach im Fenster. Ich schaue in ihre ruhige Flamme und alles Bedrängende verliert sich langsam. Das Licht brennt klar und hell.

In dieser Stille denke ich an das Fest der Liebe – des ewigen Schenkens. Wo kommt das Licht her und die Kraft, welche die Dunkelheit verscheucht? Das Wachs wird flüssig durch die Wärme. Die Kerze verzehrt sich. *Sie* gibt sich hin. Ist nicht diese Opferfähigkeit das Geheimnis ihrer Kraft? Ist es nicht auch das Geheimnis dessen, der gesagt hat: »Ich bin das Licht der Welt«? Ist ER nicht *die wirkliche Kerze, die brannte* und immer noch brennt, sich hingibt, aufopfert, zum Heil und Frieden der Menschen. Jesus Christus, das wahre Licht, welches uns anstrahlt in seiner ganzen Herrlichkeit, und wir dürfen Sein Licht in der Welt reflektieren, zurückwerfen und weiterreichen. Oft genügt ein Lächeln, ein ermutigendes Wort, ein aufmerksames Ohr – eine liebevoll gereichte Gabe, *die mich glücklich macht,* denn »Geben ist seliger denn Nehmen«.

»Herr hilf mir dabei. Ich bin oft so schwach und kurzsichtig!«

Dein Wort ist meines Fußes Leuchte . . .

». . . hier schicke ich Dir Deine geliebte Bibel . . .«

Das schrieb mir meine Frau, als sie mir mein »Schwert« nachschicken mußte.

Nicht, daß ich keine Bibel gefunden hätte, dort, in dieser großen deutschen Stadt, wo ich evangelisierte. Ich war ja schließlich nicht in Rußland! Nein, nein, drei, vier Bibeln wurden mir zur Auswahl vorgelegt, jedoch, keine war die »Meine«!

Sie ist schon alt und vergilbt, mit grün, schwarz, rot, blau und gelb angestrichen. Nicht fettgedruckte Verse stechen so heraus und fallen ins Auge sondern persönliche Anmerkungen stehen oben, unten, seitwärts. Das ist meine geliebte Bibel!

Ein Stück von mir! Wie oft habe ich doch daraus Trost, Gewißheit und Wegweisung geschöpft.

Die Bibel – Gottes unwiderrufliches Wort, das Zeugnis der Jahrhunderte. Was mußte wohl der junge Bibelwissenschaftler Konstantin Tischendorf empfunden haben, als er mit fiebernden Händen in den großen Abfallkorb der Bibliothek des Katharinenklosters griff und ein Blatt der ganz alten Abschriften des Alten Testaments in der Hand hielt?

Er hatte den gefahrvollen Ritt durch die zerklüfteten Schluchten gern auf sich genommen. Als er nach zwölf Tagen dieses griechisch-orthodoxe Mönchskloster erreichte, das von Plünderung und Brand verschont geblieben war und weit über tausend Jahre alt, so manchen unbekannten Schatz verbarg, da wollte er der gottlosen Geisteswelt seiner Zeit die Glaubwürdigkeit der heiligen Schriften beweisen. Dreimal reiste er von Leipzig an den Sinai und als er dann 1859 wieder alle Zellen und Kellergewölbe durchstöberte – das Kloster war ihm nun schon vertrauter als seine Professorenwohnung – und im letzten Moment, am Tage vor seiner Abreise, nachdem er schon seiner Karawane den Befehl zum Aufbruch erteilt hatte, die Pergamente nun fand und dazu alle 27 Schriften des Neuen Testaments, da jauchzte sein Herz! »Die ganze Handschrift, so wie sie nun ist, ist ein unvergleichliches Kleinod für die Wissenschaft und die Kirche.« Das schrieb er noch am selben Abend voll Begeisterung. Der »Codex Sinaiticus« war zusammen.

Als ich im letzten Frühling im selben Kloster weilte und in denselben Bibliotheksräumen uralte Handschriften betrachtete, gedachte ich dankbaren Herzens dieses gläubigen Wissenschaftlers, dem die Bibel *alles* bedeutete.

Was bedeutet sie dir, lieber Leser? Sie ist die Nahrung des inwendigen Menschen, des »Christus in dir«.

Hast du sie heute schon betend gelesen? Du erfährst, was dir in den Testamenten, testamentarisch vermacht ist.

Eine Verheißung, die dir gilt, möchte ich noch anführen:

»Fürchte dich nicht, ich bin mit dir, weiche nicht, denn ich bin dein Gott, ich stärke dich, ich helfe dir auch, ich erhalte dich durch die rechte Hand meiner Gerechtigkeit« (Jesaja 41, 10).

Welch ein Zuspruch! Diesen Trost, diese Sicherheit, dieses selige Wissen: »Er ist da«, brauchst du so dringend in deinem täglichen Leben!

Deshalb, Freund, lies die Bibel!

Ist alles nur »Haschen nach Wind . . .«?

Das Leben will gelebt sein

Der »Prediger« Salomo, König in Jerusalem, dessen Ruhm sich über Länder und Meere verbreitete und den der Prophet Natan den »Liebling des Herrn« nannte, sagt: »Es ist alles Windhauch und Luftgespinst« (Kap. 1, 14). Ein großer Teil seines Buches ist Selbstbiographie. Aus eigener Erfahrung weiß er, was leer und ohne bleibenden Wert ist und zur Enttäuschung führt. Er weiß um die Nichtigkeit und Vergänglichkeit menschlichen Glücks und Ruhms sowie um den Betrug des Reichtums.

»Alles ist ganz eitel, sprach der Prediger, alles ist ganz eitel« (1, 2). Luther erklärt: »Eitelkeit ist, das wir auf Deutsch heißen – *nichts.«* Also »Alles ist – nichts«! Salomo spricht auch von der Eintönigkeit des Kreislaufes der Dinge, vom Einerlei der Menschengeschichte: Was gewesen ist, bringt die Zukunft wieder. Der Prediger nennt es: »Haschen nach Wind.«

Er spricht das Unbefriedigtsein des Menschen angesichts des Lebens aus. Haben wir es hier mit einem Pessimisten zu tun?

Nein, *er redet nur von der Leere als Endresultat eines Lebens, das fern von Gott gelebt wurde.* Er weiß: Auf sich selbst angewiesen kann der Mensch nicht zu wahrer Entfaltung kommen. Ohne Gott kann kein irdisches Glück zufriedenstellen. Hier ist vom Zustand des christlichen Menschen gesprochen. Sagt der Herr nicht selber: »Ohne mich könnt ihr nichts tun«? *Nichts!* (Joh. 15).

Und wenn man doch vieles »tut« ohne ihn, so steckt der Keim des Vergänglichen, des Nichtigen darin. Alles ist nichtig, was nicht aus Gott lebt, jedoch in Gott wird alles sinnvoll, und er vermag in unser Leben hinein zu rufen: »Siehe, ich mache alles neu.« Dadurch wird der Bazillus der Nichtigkeit getötet, »denn dem Menschen, der ihm gefällt, gibt er Weisheit, Vernunft und Freude« (Prediger 2, 26).

Es gibt also ein sinnvolles, befriedigendes Leben. »Wenn ein Mensch viele Jahre lebt, so sei er fröhlich in ihnen allen . . .« (11, 8 a) und laßt uns die Hauptsumme aller Lehre hören: »Fürchte Gott und halte seine Gebote, denn das gilt für alle Menschen« (Prediger 12, 13).

Streiflichter des Lebens!

Geburt – Säuglingsalter – Kleinkind – und schon bald fängt der sogenannte Ernst des Lebens an, wenn das Menschlein in die Schule kommt.

Nun wird gelernt und gepaukt, es geht ums alljährliche Versetzt-Werden. Allzuschnell schon muß sich das Noch-Kind mit der Berufswahl befassen – ein wichtiger Entscheid. Und dann ist auch schon das Interesse fürs andere Geschlecht erwacht. Partnerwahl – Schicksalswahl? Berufsversetzungen von einer Abteilung zur andern, vielleicht von Stadt zu Stadt.

Doch was macht das schon? Man ist jung und kann Berge versetzen. Existenzkampf – eigenes Haus? Rechnen – geht alles gut? Eigene Kinder – Die Jahre vergehn – so schnell. Die eignen Kinder – heiraten sie? Wird der Mensch mit den Jahren gelassener oder resigniert er? Ruhestand . . . war das alles? Ist die Rente sicher? Was nun? Endstation oder ein anderer Lebensabschnitt? Streiflichter des Lebens, doch wieviel Kampf liegt dazwischen? Eines der wichtigsten Worte der Heiligen Schrift ist Hebräer 12, 2: »Lasset uns aufsehen auf Jesus, den Anfänger und Vollender des Glaubens.« Wörtlich steht hier: Lasset uns hinwegsehen auf Jesus (hin) . . . Also nicht zurück in die Vergangenheit, nicht ängstlich-sorgenvoll in die Zukunft, nicht auf Menschen, nicht einmal auf sich selbst, sollen wir sehen. Von dem allem blicken wir hinweg auf Jesus. »Mit Sorgen und mit Grämen und mit selbsteigner Pein, läßt Gott sich gar nichts nehmen, es muß erbeten sein« (Paul Gerhardt).

Der Herr sagt: »Ich will dich unterweisen und dir den Weg zeigen, den du wandeln sollst, ich will dich mit meinen Augen leiten« (Psalm 32, 8). *Er will!* Jeder falsche Blick – nicht »hinweg auf IHN« eben – macht traurig, müde und schlapp, aber der Blick auf Jesus schenkt uns in jeder Lebensphase Mut zum Leben, Kraft zum Überwinden! IHN »ansehen« bringt uns in Verbindung mit der Quelle der Kraft. Große Aufgaben kannst du lösen mit dem Blick auf Jesus. Stille sein und warten – nicht gereizt kontern –, das wird dir gelingen mit dem Blick auf Jesus ». . . wer auf den Herrn hofft, den wird die Güte umfangen« (Psalm 32, 10b).

Die Psalmen

Gedichte der Freude, des Seufzens, voll hoffender Zuversicht

Augustinus, der bekannte Kirchenvater, gibt uns den Rat:

»Wenn der Psalm betet – betet,
wenn er seufzt – seufzt,
wenn er danksagt – sagt Dank,
wenn er hofft – hofft.
wenn er fürchtet – fürchtet,
denn alles, was sich dort geschrieben findet,
ist wie unser Spiegel.«

Wer sein Herz vor Gott ausschütten will, bedient sich am besten der Sprache der Psalmen. Sie reden in allen Lebensumständen täglich alle Menschen an. Das Heil, davon sie sprechen, ist nicht rein geistlich, sondern *Teil des täglichen Lebens*. Jedes der Gedichte des Psalters ist nicht nur Betrachtung und Lied, sondern vornehmlich Bitten und Flehn. Sie spiegeln auch die ganze übrige Bibel wider.

Der Psalmist greift Themen des Alten Testaments auf und verwandelt sie in gelebtes Gebet. Immer wieder wird der Mensch aufgerufen, seinen Schöpfer zu preisen.« Die Himmel erzählen die Ehre Gottes und die Feste verkündigt seiner Hände Werk. Ein Tag sagt's dem andern, und eine Nacht tut's kund der andern« (Psalm 19, 2–3).

Auch der *Großtaten Gottes* wird gedacht. Sie sind Grund des Lobes, der Danksagung und Ermahnung. »Singet Gott, lobsinget seinem Namen! Machet Bahn dem, der durch die Wüste herfährt, er heißt Herr, und freut euch vor ihm. Der ein Vater ist der Waisen und ein Richter der Witwen. Er ist Gott in seiner heiligen Wohnung. Ein Gott, der der Einsamen das Haus voll Kinder gibt, der die Gefangenen ausführt zu rechter Zeit . . .« (Psalm 68, 5–7). In anderen Psalmen wiederum hören wir *die Klagen* der Kranken und Gefangenen, des Mühseligen und Belasteten, die den Allmächtigen um Hilfe anflehen. »Herr, *wie lange* willst du mein so ganz vergessen?

Wie lange verbirgst du dein Antlitz vor mir?

Wie lange soll ich sorgen in meiner Seele und mich ängsten in meinem Herzen täglich? *Wie lange* soll sich mein Feind über mich erheben?

Schau doch und erhöre mich Herr, mein Gott« . . . und nun schwingt David sich auf in glaubendem Vertrauen. »Ich hoffe aber darauf, daß du so gnädig bist, mein Herz freut sich, daß du so gerne hilfst.

Ich will dem Herrn singen, daß er so wohl an mir tut« (Psalm 13).

Martin Luther hat es voll erfaßt und trefflich ausgedrückt: »Die Seele kann alles entbehren, nur das Wort Gottes nicht, und ohne Gottes Wort ist ihr mit keinem Ding geholfen.«

Das sollte so manchem Psychiater ins Stammbuch geschrieben werden! Die dreiundsiebzig Psalmen, die David zugeschrieben werden, gehören zum Gewaltigsten, was in menschlicher Sprache gesprochen worden ist. Sie sind vom Geist Gottes durchglüht, durchrauscht, denn aus ihnen spricht Gottes Geist. Das ist auch der Grund, weshalb er als junger Harfenspieler an den Hof des Königs Saul gerufen wurde, um durch seine Kunst als Musikant, Dichter und Sänger die Schwermutsgeister zu vertreiben, die sich der Seele des Königs bemächtigt hatten.

Psalmen beten ist Anbetung »im Geist und in der Wahrheit«, wie Jesus der Samariterin am Jakobsbrunnen sagt. Er selbst hat es sogar in seiner schwersten Stunde getan am Kreuz von Golgatha. Wer Psalmen liest und betet, wird in jeder Lebenssituation gestärkt und voll Staunen entdeckt er diesen reichen Schatz der Dichtkunst, der nun schon dreitausend Jahre Menschen tröstet, bereichert und ermutigt.

Lachen – oder Trübsal blasen?

Von der tugendsamen Gattin – Hygiene der Gedanken

»Kraft und Schöne ist ihr Gewand, und sie lacht des kommenden Tages.
Sie tut ihren Mund auf mit Weisheit, und auf ihrer Zunge ist holdselige Lehre« (Sprüche 31, 25–26).

Daß Lachen gesund ist und gesund macht, ist heute bewiesen! Streß wird abgebaut, Schwerkranke genesen schneller, und die Chinesen behaupten sogar, daß jede Minute, die gelacht wird, das Leben um eine Stunde verlängert . . .

Lachen erhöht die Atmungsfunktion und entgiftet so den Organismus. Ein befreiendes Lachen verscheucht die Sorgen, macht froh und schön. Lieber Leser, wie geht es Ihrer Fröhlichkeit? Kann man Glücklichsein lernen? Marie von Ebner-Eschenbach sagte einmal treffend: »Sich glücklich fühlen können, auch ohne Glück – das ist Glück.« Wir haben es hier also mit einer Herzenseinstellung zu tun! Wir wollen nicht Trübsal blasen, denn Zufriedenheit und ein »fröhlich Herz macht das Leben lustig« (Sprüche 17, 22).

Wenn wir die biblische Hygiene der Gedanken praktizieren, wenn wir *bewußt, willentlich* an »Liebliches denken, an Tugenden, an ein Lob« (berechtigtes Kompliment) dann verwandelt sich unser Gemützustand (Philipper 4, 8). Feindschaft gebiert Feindschaft und Zorn erzeugt neuen Zorn, und wer dem nachhängt, sich gedanklich damit befaßt, »gerät in eine Aufwärtsspirale«, er steigert sich in eine neue Not hinein, aus welcher Verzweiflung wird.

Doch die Bibel sagt uns klar, daß Liebe stärker ist als Haß. Feindschaft ist kein natürlicher Zustand, denn die meisten Menschen möchten ihm entrinnen – sie wissen bloß nicht wie –, doch wenn es ihnen gelingt, fühlen sie sich viel wohler.

In der Offenbarung des Johannes steht, daß Jesus Christus uns, die Gläubigen, wiedergeborenen Menschen, zu »Königen und Priestern gemacht hat«. Priester heißt Brückenbauer.

Das ist unsere vornehmste Berufung: Trennende Klüfte zwischen Menschen zu überbrücken, die sie nie überspringen könnten.

Jedes lobende oder zustimmende Wort, das uns zu Ohren kommt, sollten wir »Königskinder« aufgreifen und weitergeben.

Weitergeben im Lauf einer zwanglosen Unterhaltung, oder man kann dieses »Positive« in ein Telefongespräch einflechten, oder wer gerne schreibt, in einem Brief erwähnen. Jeder Mensch hat das Bedürfnis nach Anerkennung. Ein liebes Wort beglückt und erreicht sehr oft gerade dann sein Ziel, wenn es als Aufmunterung dringend benötigt wird.

Es wirkt wie Regen auf ausgedörrtes Land. Viele Menschen, die zu mir in die Seelsorge kommen, sind völlig verzagt. Sie sehen ihr Leben als einziges Jammertal ohne jede Möglichkeit, etwas daran zu ändern. Durchs Zuhören gehe ich dann mit ihnen durch dieses dunkle Tal, und wenn es mir gelingt, mit ihnen zusammen einen »Brunnen« zu graben und Gott sein kostbares Naß (Geist) schenkt, so erlebe ich, wie der Herr das Jammertal in ein Lobetal verwandelt! Das sind die schönsten Wunder Seiner Gnade (Psalm 84, 7). Negative Emotionen wie Feindseligkeit, Angst und Einsamkeit werden abgebaut, und selbst empfängt man eine unbändige Freude, eine tiefe Befriedigung und das spürbare »Ja« Gottes. Kürzlich las ich ein arabisches Sprichwort, das mich tief erschütterte: »Gesegnet, wer etwas Freundliches sagt, dreimal gesegnet, wer es wiederholt«, und ich möchte noch dazufügen: »Wes das Herz voll ist, geht der Mund über.«

Mut zum Leben . . .

Positiv oder negativ? Entweder wird unsere Lebenslust gedämpft, wir werden behindert und entwurzelt, oder der Mut zum Leben wird geweckt; ich kann mich entfalten und brauche nicht zu schrumpfen.

Eltern prägen ihre Kinder. Wenn die Erziehung starr und kalt ist, welken die jungen Menschen dahin, es kommen keine Träume auf und jede Hoffnung wird im Keim erstickt. Freude ist ein Fremdwort und Begabungen werden verschüttet. Der Sinn des Lebens geht verloren. Angst würgt jeden Lebenstrieb ab. So ein Mensch ist »vernagelt und zänkisch«; eine Belastung für jedermann und ungenießbar!

Doch nun zu den andern! Durch den Umgang mit herrlichen Menschen wächst man. Sie verbreiten Himmelsluft und wir werden erneuert. Durch sie fließt aufmunternde, göttliche Kraft. Sie verströmen Wärme. Erfrischt und angeregt mit neuem Lebensmut, erblickst du hundert neue Wege. Beschwingt und inspiriert gehen wir voran. –

Ich muß an den jungen David denken. Müde und apathisch schleppte er sich auf seinen zahllosen Fluchtwegen voran. Immer wieder neu verraten und in Todesgefahr frug er seinen Gott: *»Herr, wie lange* willst du mein so gar vergessen? *Wie lange* verbirgst du dein Antlitz vor mir? *Wie lange* soll ich sorgen in meiner Seele und mich ängsten in meinem Herzen täglich? *Wie lange* soll sich mein Feind über mich erheben?« (Psalm 13, 1–3). In diese Trostlosigkeit – es war das letztemal, daß sie sich begegneten – kam Jonathan, der Freund, »und ging hin zu David in die Heide und stärkte seine Hand in Gott«. Welch ein Zuspruch: »Fürchte dich nicht; meines Vaters Sauls Hand wird dich nicht finden, du wirst König werden über Israel . . .« (1. Samuel 23, 16–17).

Im letzten Moment brach die Sonne durch. Alle Müdigkeit und Skepsis waren verflogen. Der »glimmende Docht« wieder entfacht: »Ich hoffe aber darauf, daß du so gnädig bist; mein Herz freut sich, daß du so gerne hilfst. Ich will dem Herrn singen, daß er so wohl an mir tut« (Psalm 13, 6). *Wo nehmen wir so einen Jonathan her?*

Liebe Freunde, das wichtigste ist, daß wir uns selbst dem Leben zuwenden. Jesus sagt: »Ich bin . . . das Leben.« Wenn Er in uns ist und Seine Worte uns ausfüllen, können wir Mitmenschen zum Leben einladen! Plötzlich öffnet sich die Pforte zum Wunderbaren. »Ich bin die Tür; so jemand *durch mich eingeht,* der wird glückselig werden und wird ein- und ausgehen und Weide finden« (Johannes 10, 9). Durch Jesus hindurch und von Jesus her auf herrliche Weide und zu den Schafen. So entfaltet sich ein Mensch. Er ist ein lebendes Geschöpf; kein Denkmal, sondern ein wachsender Baum. *Mut zum Leben* ist die Aufforderung sich zu entfalten. Es ist die Einladung zu hoffen und sich zu freuen. Laßt uns andere an unserem Leben teilhaben. Laßt uns Bindungen eingehen, Verantwortung übernehmen, Mitgefühl aufbringen und auch zeigen. Liebe teilt sich mit und gedeiht nur, wenn sie verschenkt wird.

»Der Herr wird dich immerdar führen und deine Seele sättigen in der Dürre und deine Gebeine stärken; und du wirst sein wie ein gewässerter Garten und wie eine Wasserquelle, welcher es nimmer an Wasser fehlt« (Jesaja 58, 11).

Diese Zusage wirkt Mut zum Leben.

Ausweg aus den Sackgassen des Lebens

Jeder Mensch hat *gleichzeitig* drei verschiedene Alter: das kalendarische – und dann das biologische, welches unserer körperlichen Verfassung entspricht – und das psychologische Alter, das angibt wie alt wir wirklich sind und uns fühlen. Viele haben in weit fortgeschrittenen Jahren ihre volle Schwungkraft behalten, und ich bin überzeugt, daß es vor allem auf die innere Einstellung ankommt.

Ein Philosoph formulierte es so: »Eine ruhige und glückliche Natur wird den Druck des Alters kaum empfinden. Wer aber nicht so veranlagt ist, dem sind Jugend und Alter gleichermaßen eine Last.« Diesen »ewig Angefochtenen«, den Greisen zeitlebens oder auch nur den Müden und Enttäuschten, kann und soll geholfen werden.

Wie schnell hat ein Mensch sich doch in einer Sackgasse verirrt und psychische Barrieren hindern ihn umzukehren. Probleme bleiben ungelöst und echte oder eingebildete Schwierigkeiten belagern ihn so, daß er sich mit nichts anderem mehr befassen kann.

Emerson sagt: »Woran der Mensch den ganzen Tag denkt, daraus besteht sein Leben.«

In einem anderen Artikel schrieb ich über die Hygiene der Gedankenwelt des Menschen. Den negativen Anfängen muß gewehrt werden!

Es gibt andererseits positive Gedanken von ungeheurer Wirksamkeit. Schwierigkeiten werden dadurch überwunden und der leidgeplagte Mensch bewegt sich wieder vorwärts in der Kraft neugewonnener Hoffnung! Nein, das Leben ist nicht eine trostlose Tretmühle, sondern durch einen lebendigen Glauben an Jesus Christus erhalte ich fortwährend neue Kraft und Begeisterungsfähigkeit. »Ist jemand in Christo, so ist er eine neue Kreatur« (2. Korinther 5, 17).

Es gibt ein »wandeln in einem neuen Leben« (Römer 6, 4).

Jeder neue Morgen läßt mich sagen: »Dies ist der Tag, den der Herr macht, laßt uns freuen und fröhlich darinnen sein.«

Schwerfällige, teilnahmslose Menschen tauen auf und ihr Bewußtsein erhält eine weit größere Empfindungsfähigkeit.

Jedesmal, wenn ich in Zürich predige, bringt mir eine Schwester ein Bibelwort, das sie für mich unter Gebet ausgesucht hat.

Sichtbar bringe ich dann diese Spruchkarte in meinem Wagen an, und so begleitet mich dieses Wort Gottes. Eines davon war besonders kraftvoll: »Sei getrost und unverzagt. Laß dir nicht grauen und entsetze dich nicht, denn der Herr, dein Gott, ist mit dir in allem, was du tun wirst« (Josua 1, 9).

Solche Stellen sind Kraftnahrung für unsere Seelen und langsam, aber sicher, werden sie unser Denken verändern. –

Durch nachgetragenen Groll und unterdrückten Ärger vergeudet der Mensch seine Kraft!

Er ist blockiert! Es ist nutzlos, mit Unmut im Herzen zu beten. »Gehe zuvor hin und versöhne dich mit deinem Bruder«, rät Jesus jedem, ob er nun im Recht oder im Unrecht ist.

Er geht noch einen Schritt weiter: *»Bittet für die, so euch beleidigen und verfolgen«* dadurch wird Groll abgebaut und über Mitleid führt uns der Herr zur Feindesliebe . . . Das ist – ich spreche aus eigener Erfahrung – von uns aus nicht möglich ! *Verzeihen – »siebzigmal siebenmal«*. Dazu braucht es die umwandelnde Kraft Jesu Christi. Nur so kann ich meine Straße fröhlich ziehen.

Dunkle Punkte müssen bereinigt und in Ordnung gebracht werden, sonst wird der Alltag von Schuldgefühlen vergiftet und die Wunden der Seele können nicht heilen.

David sagt: »Wohl dem, dem die Übertretungen vergeben sind, dem die Sünde zugedeckt ist« (Psalm 32, 1).

Eine weitere Sackgasse heißt: »Befürchtungen«

Diese Gedanken der Verzweiflung können durch den Glauben überwunden werden. Gott hat ein neues vitales Leben für uns bereitet. Es gibt den Weg in eine glückliche Zukunft! . . .

Lieber Leser, sich sorgen wendet doch nichts ab! Aber »Sorge schädigt den Kreislauf, das Herz, die Drüsen, das gesamte Nervensystem. Ich weiß von niemandem, der an Überarbeitung, aber von vielen, die am Zweifel gestorben sind«. Das ist die Ansicht eines bekannten Arztes. Der Ausweg heißt: Jesus Christus!

Der Glaube, daß Er da ist, daß er sich um einen kümmert und helfen kann. Kranke werden gesund. Penner und Heruntergekommene finden den Weg. »Ich bin bei euch alle Tage ... Kommet her zu mir ... Ihr sollt das Leben und volles Genüge haben ... Darum sorget nicht ... Es ist genug, daß ein jeglicher Tag seine eigene Schwierigkeit habe.« Alles Herrenworte voller Kraft und Weisung! Probleme hat es immer gegeben und unser Leben wird immer voll davon sein.

Es sind Herausforderungen, die einer Antwort warten. Mit Jesus gehn wir mutig voran. Hier ist die tiefste Erfüllung und der größte Triumph unseres Lebens! »Ist Gott für uns, wer mag wider uns sein.«

Der König der Liebe ist erschienen und die Nacht zu Ende

Das »Wort ward Fleisch«, Gott ward Mensch, die Ewigkeit kam in die Zeit. Der Sohn Gottes – ein Kind in Stall und Krippe in Bethlehem, dem kleinen Ort, wo so Großes geschah. – Ein jüdischer Weiser fragte seine Schüler:

»Wie kann man den Augenblick bestimmen, wo die Nacht zu Ende ist und der Tag anbricht?«

Der erste Schüler fragt: »Ist es, wenn man in der Ferne einen Feigenbaum von einer Palme unterscheiden kann?«

Der Rabbi antwortet: »Nein, das ist es nicht.« Der zweite Schüler meint:

»Wenn man ein Schaf von einer Ziege unterscheiden kann, dann wechselt die Nacht zum Tag.« –

»Auch das ist es nicht«, ist die Antwort des Weisen.

»Aber wann ist denn der Augenblick gekommen?« fragten die Schüler.

Der Rabbi antwortet: »Wenn du in das Gesicht eines Menschen schaust und darin den Bruder oder die Schwester erkennst, dann ist die Nacht zu Ende, dann bricht der Tag an.«

In der Heiligen Nacht von Bethlehem ist Gottes Tag angebrochen. »Sehet, welch eine Liebe hat uns der Vater erzeigt!«

Eine kluge, tief gläubige Frau, Katharina von Siena, sagte ihren Mitschwestern: »Ihr wißt, ohne die Wurzel der Liebe trägt der Baum der Seele keine Früchte, weil er, solange er im Haß steht, das Wasser der Gnade nicht an sich zu ziehen vermag.«

Nur durch Jesus, das »Licht der Welt«, können die Herzen der Menschen zu dieser Liebe entzündet werden. Laßt uns Lichtträger sein!

Die Botschaft des Lebens

Vielen Menschen geht es leider am Ostermorgen, wenn die Glocken die Auferstehungsfreude auf Erden einläuten, wie Faust, der in die wehmütigen Worte ausbrach: »Die Botschaft hör ich wohl, allein mir fehlt der Glaube«.

Doch wir hören die Botschaft und können nicht anders als glauben. Die leibliche Auferstehung – Hoffnungsgut Israels – weckte bei den Sadduzäern große Probleme, doch Jesus erklärte ihnen: »Ihr irrt euch, ihr kennt weder die Schrift noch die Macht Gottes« (Matth. 22, 29).

Derjenige welcher den sterblichen Leib »aus Erde vom Ackerboden« erschaffen hat (1. Mose 2, 7), kann dem Menschen ebenso einen Herrlichkeitsleib schenken, gehüllt in die Lebenskraft, die Gott Christus gegeben hat, weil er ihn schon liebte vor Beginn der Welt (Johannes 17, 24).

Wir haben die unantastbare Gewißheit: Wie Christus auferstanden ist, werden auch die Seinen auferstehen!

Die Priester und Schriftgelehrten damals hatten allen Grund sich zu fürchten. Sie wußten von der Auferstehung des Lazarus und erinnerten sich, daß Jesus gesagt hatte: »Ich will nach drei Tagen auferstehen.«

Undenkbar, wenn der Mann, den sie kreuzigen ließen, wirklich zu den Lebenden zurückkehren sollte, wie er versprochen hatte; wenn der Leib, der jetzt tot im Grabe lag, entstellt durch die Marter der Kreuzigung, wieder zu atmen beginnen, sich in seinen Totentüchern erheben und ihnen in unbeschreiblicher Macht und Herrlichkeit entgegentreten würde . . .

Wer kann die Sonne am Aufgehen hindern? Wie sollen die Wachsoldaten die Welt vor dem Wunder bewahren?

Doch nun hat Christus tatsächlich über den Tod triumphiert! Die Schriften bezeugen es! Glaubwürdige, zahlreiche Zeugen bestätigen es.

Dies ist die Grundlage des christlichen Glaubens.

Doch nun galt es die Sache wegzuerklären, davon abzulenken, sich ihrer auf irgendeine Weise zu entledigen. Heute sagen sie uns, die Auferstehung bedeute einfach nur, daß die Lehre Christi unsterblich sei und daß seine neue Ethik ewig bestehen würde.

Oder sie reden von der orientalischen Sprache der Poesie: vom Nahen des Frühlings, von der Rückkehr des Lebens auf die tote Erde, vom großen Erwachen der Natur nach der Winterstarre. Doch, liebe Leser, wenn damals an jenem Morgen nicht etwas absolut Reales geschehen wäre, gäbe es keine Gemeinde, kein Neues Testament und auch kein Christentum.

Was uns im Evangelium besonders ergreift und uns von der Wahrhaftigkeit seines Berichts überzeugt, ist der nüchterne Stil, den die Evangelisten sogar dort beibehalten, wo sie Jesu Sieg über den Tod schildern.

Das Bekenntnis der Auferstehung der Gemeinde beruht auf dem Bewußtsein, daß viele dem Herrn nach seinem Tod wieder begegnet sind und ihn als den Lebendigen erfahren haben.

Auch wir sehen ihn mit den Augen des Glaubens. Auch für uns ist seine Anwesenheit und Hilfe täglich erfahrbar.

»Ich lebe, und ihr sollt auch leben!«

So sicher wie heute morgen die Sonne aufging – ich weiß es weil das der Grund ist, warum die Welt mit Licht erfüllt ist – so sicher weiß ich, daß Jesus auferstanden, von neuem Leben erfüllt und im Glanz seiner Herrlichkeit ist. Und er hat gesagt: »Fürchtet euch nicht.« Kranke, Sterbende, Arme, Reiche, ihr die ihr elend seid vor Sorge, ihr Mühseligen und Belasteten, Einsamen und Verfolgten, ihr Jungen, die ihr das Leben noch vor euch habt:

»Fürchtet euch nicht.« Er hat gesagt: »Friede euch! Wie der Vater mich ausgesandt hat, sende ich auch euch.«

Das ist die Aufgabe, der sich viele entziehen wollen. Gesandte an Christi Statt. Träger der Auferstehungsfreude in einer kalten Welt voll schrecklicher Not. Er hat gesagt: »Folge mir nach!« Er geht dir voran, und zugleich umgibt er dich, hilft dir und trägt dich.

Die Osterbotschaft sagt uns, daß alles gut wird.

Am Ende wird sein Wille geschehen, nicht der unsere. Die Liebe wird überwinden. Jesus wird Sieger sein. Nicht der Tod steht am Ende, sondern das Leben.

Sein Leben und dein Leben in ihm.

Christus ist wahrhaftig auferstanden!

Gedanken über Erfolg und Mißerfolg

Niedergeschrieben beim Lesen der »Sprüche Salomos« und des »Predigers«

- Eine lästige Arbeit, die man ständig vor sich herschiebt, weil sie einem zu mühselig und zu kompliziert vorkommt, bleibt unerledigt und belastet. Wer das Schwierigste zuerst in Angriff nimmt, kennt keine Startmüdigkeit und handelt nach dem guten Rat Salomos: »Alles, was dir vor Handen kommt zu tun, das tue frisch . . .« (Prediger 9, 10a).
- Kein Erfolg kann so befriedigen wie jener, zu dem man in vielen kleinen Schritten gelangt.
- Erfolg beflügelt und kommt von Gott – ständiges Scheitern aber bremst und macht zum Sterben müde. »Dem Menschen, der IHM gefällt, gibt er Weisheit, Vernunft und Freude, aber dem Sünder gibt er Mühe . . .« (Prediger 2, 26a).
- Ein Erfolgserlebnis mit Gott, durch Arbeit und Gebet verwirklicht, bringt ein allumfassendes Freudengefühl und macht Energie frei für die nächsten Aufgaben. Wer ein Leben aus der Freude lebt und nicht aus der Sorge, kennt keine seelische Erschöpfung.
  Das Gefühl des Versagens weicht. «Der Mensch kann guter Dinge sein in seiner Arbeit . . . aber solches sah ich auch, daß es von Gottes Hand kommt« (Prediger 2, 24).
- Shakespeare hat gesagt: »Nicht durch die Schuld der Sterne, lieber Brutus, durch eigne Schuld nur sind wir Schwächlinge.«
  Nicht die anderen sind schuld für unsere Fehlschläge.
  Nicht das Verhalten der Umwelt und die Sterne noch viel weniger – die lügen nur darum nicht, weil sie nichts sagen.
  Wir wollen die Verantwortung übernehmen und aus Fehlern lernen.

Beachte: Seelische Erschöpfung ist keine körperliche Müdigkeit und läßt sich nicht durch Schlaf oder Ferien beheben.

Was immer dich hindert glücklich, zufrieden, dankbar und erfolgreich zu sein, muß mit Gottes Hilfe aus dem Weg geräumt werden.

Der Begriff »Glück« ist wie eine abgegriffene Münze.

In der Bibel ist damit eine »günstige Fügung« gemeint.

Vom König Hiskia wird gesagt: »In allem Tun, da er anfing, am Dienst des Hauses Gottes . . . zu suchen seinen Gott, handelte er von ganzem Herzen, darum hatte er auch Glück.«

Bei allem, was er tat, war er mit Leib und Seele dabei und hatte den Erfolg auf seiner Seite, weil da eine segnende Hand war.

Das Leben des Glücklichen besteht in Form von erfolgreichen Tagen; jeder einzelne hat Zweck und Ziel. *Ich lebe heute!*

Ich freue mich heute! Ich überwinde heute!

»Heute, wenn ihr seine Stimme hören werdet, so verstocket eure Herzen nicht . . .« (Hebräer 3, 15).

Jesus sagt: »Ich bin die Tür, so jemand durch mich hineingeht, der wird glückselig werden und wird ein- und ausgehen und wird Weide finden.« (Johannes 10, 9).

Er kommt! . . .

Mit der Geburt Jesu beginnt die Geschichte des siegreichen Liebesweges unseres Herrn, den Er ging, um die Menschen »glückselig« zu machen.

Das heißt, um sie zu befreien und in Sicherheit zu bringen.

Er will dich bewahren, dir Heilung und Gesundheit schenken.

Das alles und noch viel mehr liegt in dem biblischen Wörtlein »selig oder errettet«.

»Drum kommt und laßt uns danken
aus tiefstem Herzensgrund,
dem Gott, der ohne Schranken
macht seine Liebe kund!«

In der »Stille« will ich mich hineindenken in das frohmachende Geschenk Gottes: Jesus Christus!

Sein dreifaches Kommen

Advent heißt herankommen. Von der Freude über Seine Ankunft vor zweitausend Jahren darf jede Seele *immer wieder* voll werden. Durch ihn darf ich zu Gott kommen und habe einen ewigen Vater erhalten, bin Kind geworden, nicht durch Adoption, sondern ich wurde gezeugt durch Seinen Geist und »wiedergeboren zu einer lebendigen Hoffnung«! Ich habe nun Kindesrechte und darf bei Ihm »ein- und ausgehn«, Wünsche aussprechen und väterliche Liebe erleben! . . .

Das macht mich froh! Ja, *ich soll endlich froh werden,* damit Menschen in meiner Nähe sehen, daß es wirklich eine glücklichmachende Kindschaft gibt. Lieber Leser, kannst du dazu »ja« sagen? Hast du erlebt, daß Er die ganze dicke Schicht von Sorgen, Befürchtungen oder auch Selbstverurteilungen, weggenommen hat, als er das zweite Mal kam – zu dir ganz persönlich, in dein Leben – um bei dir zu sein – alle Tage? Lebst du in dieser

Adventsgewißheit und darf Er in deinem Planen, Handeln und Reden »der Herr« sein?

Sein Wort allein ist maßgebend, um alles zu bestimmen.

Es ist richtend und zugleich aufrichtend. Jesus sagt: »Ich bin gekommen, damit sie (die Seinen) das Leben und reiche Fülle haben sollen« (Johannes 10, 11).

Reiche Fülle all Seiner Freuden. Unsere Seele wird gesättigt und das nicht knapp! Wer für Gott da ist, für den ist Er auch da. Der braucht sich nicht zu fürchten. Natürlich wissen wir, daß Angst umgeht und Menschen anspringt. Der Psalmist spricht das trostvolle Wort: »Du bist mein Schirm, du wirst mich vor Angst behüten, daß ich errettet gar fröhlich rühmen kann« (Psalm 32, 7).

Sind wir beschirmt? Ist die Evangeliumsbotschaft in uns eingedrungen: »Fürchtet euch nicht – seid nicht ängstlich besorgt – habt Vertrauen: Ich bin ja da – euer Vater im Himmel weiß, was ihr nötig habt, Er wird es euch geben . . .«

Eines steht fest: Der Glaubende darf Mut haben und soll Mut machen. Und nun noch zu seinem nächsten *großen Kommen.*

Es bringt Gericht über die Welt und Neuschaffung aller Verhältnisse: *»Friede auf Erden« – endgültige Befreiung von Sterben, Unrecht und jeglicher Not.* Die Wiederkunft Christi ist gewiß! Sie wird 1527mal im Alten – und 319mal im Neuen Testament angekündigt.

Die »herrliche Freiheit« – gibt es sowas?

Was nicht verboten ist, ist obligatorisch und neuerdings heißt es noch auf Verbotstafeln »Generell« –

Gesetz und nochmals Gesetz beherrscht auch Gemeinden und Verkündigung. Die Sensation und Anziehungskraft des Verbotenen wird dadurch übermächtig, und so fühlt sich der Eingeengte nur dann richtig wohl, wenn er »über die Stränge schlagen« kann; mit einem schlechten Gewissen natürlich. Weniger Verbote und Gleichschalterei, dafür aber mehr individuelle Verantwortung aus der Freiheit heraus, wäre sinnvoll! Wer Angst hat vor Strafe, wird von der Angst beherrscht und kann sich nie froh und aufrecht bewegen.

Davon wollen wir frei werden! Als von Gott erdachtes Original sollst du dich frei entfalten und Gottes Liebe will dich individuell auf dem Weg der Freiheit führen. Es ist auch der Weg zur Liebesfähigkeit, auf dem sich die Furcht allmählich verflüchtigt, wie die Morgennebel an der Frühlingssonne. »Gott hat uns nicht den Geist der Furcht gegeben, sondern der Kraft und der Liebe« (2. Timotheus 1, 7).

Willkürliche Regeln und Normen der Vergangenheit werden überwunden und schöpferische Möglichkeiten erschlossen. Werde ein *positiver Außenseiter* und schwimme als »lebend'ger Fisch« gegen den Strom.

Die Bibel lehrt uns, daß der Mensch aus Geist, Seele und Leib besteht.

Die Reihenfolge ist wichtig. Die Seele sollte vom Geist kontrolliert und beschnitten werden. Der Körper als Gefäß ist auch wichtig, jedoch hat es wenig Sinn, ihn gesund zu trainieren und seelische Dauerbelastung durch Haß und Aggressionen zuzulassen. Das seelsorgerliche Gespräch ist für die psychische Gesundheit überaus wichtig sowie das Erfassenkönnen der Liebe Gottes und das Annehmen seiner aufrichtenden Vergebung. Erst dann ist Lebensfreude möglich.

Die Liebesfähigkeit ist ein Geschenk des Himmels, und wer dieses Gefühl fühlt, ist ein beschwingter, inspirierter Mensch.

Die Liebe, in gottgewollter Freiheit – das ist Lebensglück. Liebe macht froh, eine Liebe, die den andern fördert und aufblühen läßt, die ihm Freiheit zur zwanglosen Entfaltung gönnt, die ihm das Türchen des Käfigs öffnet, ihn fliegen und toll flattern läßt. *Atme, lebe, fühle, daß Gott in deiner Nähe ist. Er ist mit dir.* »Wo der Geist Gottes ist, da ist Freiheit« (2. Korinther 3, 17). Frei vom täglichen Druck, frei von der Belastung des Gemüts, *frei durch Freispruch!* ». . . Wer will die Auserwählten Gottes anklagen? Gott ist es ja, der sie gerechtspricht« (Römer 8, 33). Diese Auserwählten sind begnadigte Sünder, die dank der Vergebung in der »herrlichen Freiheit der Kinder Gottes« leben dürfen.

Fasse Mut! – Das Leben triumphiert . . .

»Wen suchet ihr?« Wir sind angesprochen wie die Frauen damals am Ostermorgen. Der Friedhof und das versiegelte Grab im Garten sind nicht das Ende! *Das Leben hat über den Tod triumphiert.* »Was suchet ihr den Lebendigen bei den Toten?« *Er lebt!* Haben Sie einen lebendigen Heiland? Er ist das Licht der Welt! *Er vertreibt alle Angst!* Leid, Sünde, Hoffnungslosigkeit, Verzweiflung, Tod und Tränen – all unsere Kreuze werden verklärt. Die Schatten müssen weichen; jeder Winkel wird ausgeleuchtet. »Er ist auferstanden!« und in Seiner Kraft kann ich »über die Mauer« springen. *Welche Begrenzung müssen Sie überwinden, lieber Leser?* Die Auferstehungskraft steht Ihnen zur Verfügung! Fassen Sie Mut! Der Tod ist überwunden, darum: »Leben wir, so leben wir dem Herrn; sterben wir, so sterben wir dem Herrn. Ob wir nun leben oder sterben, *wir sind des Herrn!«* (Römer 14, 8). *Er ist Herr* und in Ihm sind wir geborgen. Können wir anders als in das *»Jubilate Deo«* des großen Apostels einstimmen: *»Gelobet sei Gott, der Vater unseres Herrn Jesu Christi, der uns nach seiner großen Barmherzigkeit wiedergeboren hat zu einer lebendigen Hoffnung durch die Auferstehung Jesu Christi von den Toten zu einem unvergänglichen, unverwelklichen Erbe, das im Himmel für uns aufbewahrt ist!«* (1. Petrus 1, 3–4).

Diese Botschaft macht frei! Das bange Warten hört auf! und wer an die Gnade Gottes und Seinen Sieg glaubt, ist vom Tode zum Leben hinübergewechselt! – Das walte Gott. –

Mehr Herzlichkeit . . .

Vor allen Dingen habt untereinander eine inbrünstige Liebe, denn die Liebe deckt auch der Sünden Menge (1. Petrus 4, 8).

In meinem Garten blühen jedes Jahr im Frühling viele Tulpen. Am Morgen früh sind die farbigen Kelche noch völlig geschlossen, doch wenn die warmen Lichtstrahlen sie umschmeicheln, öffnen sie sich still der Sonne. Auch wir dürfen uns aus- und hinstrecken, still öffnen, wenn Gott mit seinem Licht und seiner Kraft in uns hinein leuchten will. Er möchte nicht unser Weinen und Klagen, sondern unsere Zukehr zu IHM der Lichtquelle. Er will uns Seine verborgenen Absichten offenbaren. Neues Vertrauen erfüllt unser Herz und wir sind plötzlich wieder Seiner Hilfe gewiß . . .

Und nun sind wir auch wieder in der Lage, die andern zu lieben und Liebe zu empfangen. Von der Geburt bis zum Tod ist das der gottgewollte Inhalt unseres Lebens, sonst sind wir haltlos und einsam. »Inbrünstige Liebe« drückt sich nicht in teuren, oft unpersönlichen Geschenken aus, sondern in täglichen kleinen Zeichen der Zuneigung – sie erfreuen das Herz, verwandeln den faden Alltag und sind Balsam für die Seele.

Ich muß an den kleinen Dieter denken. Seine Eltern sind geschieden und die Mutter arbeitet ganztags. Geschwister hat er keine! Als ich ihm sagte, er dürfe mich jederzeit anrufen und ich würde für ihn beten und er sollte doch das auch für mich tun, hatte ich einen neuen Freund gewonnen. Meine Zuwendung linderte den Schmerz, seinen seelischen Schmerz. Er hatte nun die Gewißheit, daß es jemanden gab in seiner kleinen Welt, der sich um ihn kümmerte. Oft ist es nur ein freundliches Wort, ein herzliches Lächeln, und der tierische Ernst ist verflogen; ein Sonnenstrahl ist durchgebrochen und der andere fühlt: »Ich bin ihm nicht gleichgültig, er hat mich gesehn, er mag mich, für ihn bin ich etwas Besonderes.«

Anteilnehmen, die eigene Ichbezogenheit und Gleichgültigkeit überwinden – das heißt inbrünstig lieben.

Wie schnell sind wir Menschen mit Kritik bei der Hand, doch ein anerkennendes Wort finden wir so mühsam.

Eine uns bekannte Familie hatte noch ein drittes Kind bekommen. Kürzlich sagte die Mutter in Gegenwart ihrer 11-jährigen Tochter zu mir: »Ich wüßte nicht, wie ich die viele Arbeit mit Familie, Haus und Gemeinde schaffen könnte, wenn ich nicht mein großes Mädchen hätte, das mir so tatkräftig hilft.« Regula wurde rot vor Stolz und wußte: *»Ich werde gebraucht.«* Welch ein Ansporn, es noch besser zu machen. –

Meine Freunde, die Zahl derer, die sich einsam fühlen, ist ins Uferlose gewachsen. Die Scheidungsziffern steigen. Die zwischenmenschlichen Beziehungen sind kurzlebig geworden.

Noch nie war es so wichtig, »inbrünstige Liebe« vom Herrn zu erbitten, echte Herzlichkeit zu zeigen, und dadurch ein ausgefülltes sinnvolles Leben zu führen, »denn die Liebe deckt auch der Sünden Menge«.

Nur ein Baum

»Mehr als die anderen Söhne sei Asser gesegnet! Er sei der Liebling seiner Brüder, *er tauche in Öl seinen Fuß!* . . . Dein Alter sei wie deine Jugend.«

Es gibt eine Straße auf der man an den See Genezareth kommt, die durch das nordwestlichste Stammgebiet Israels führt.

Millionen von Olivenbäumen säumen den Weg. Große und Kleinere. Sie können 15 bis 20 Meter hoch werden, doch durch Beschneidung versucht man, sie niedrig zu halten um die Ernte zu erleichtern.

Mit zunehmendem Alter werden die Stämme knorrig und knorbelig, doch die feinen, zierlichen Blätter – oben *olivengrün,* unten silbrig – erinnern an eine Trauerweide. Um zu gedeihen braucht dieser widerstandsfähige Baum Platz und viel Licht, trockene, heiße Sommer und milde Winter.

Als ich während der Erntezeit durch dieses Stammgebiet Assers fuhr, beobachtete ich Arbeiter bei der Mittagsmahlzeit. Sie saßen im Schatten der Bäume auf dem harten, roten Erdboden, neben sich in einem Glas eingelegte Oliven, einen Laib Brot, ein Stück Ziegenkäse und eine Flasche Wein. Am Schluß dieses klassischen Mahls, kann der aufmerksame Betrachter erleben, wie der eine oder andere drei, vier Kerne andächtig in eine Erdspalte legt. Sie pflanzen für ihre Enkel, denn ein Ölbaum wächst nur langsam. Es kann bis zwanzig Jahre dauern, bis er eine lohnende Ernte abwirft.

Olivenöl war das »flüssige Gold« der Antike und die Olive die wichtigste Ölspenderin zur Zeit Jesu.

Es war unentbehrliche Zutat der Speisen, aber auch Brennstoff für Lampen und Bindemittel für Arzneien.

Mit geweihtem Olivenöl salbte Samuel die Könige Saul und David.

»Du salbest mein Haupt mit Ol und schenkst mir voll ein« (Ps. 23, 4).

Als »Baum der Zivilisation« wurde er gerühmt, doch ich möchte ihn *»Baum der Bibel«* nennen.

Der Ölzweig war immer ein Zeichen des Friedens. Als die Taube mit einem Ölzweig im Schnabel zur Arche zurückkam freute sich Noah über das Ende der Sintflut. Ölbäume durften nach hebräischem Gesetz nicht gefällt werden, auch wenn sie dem Feind gehörten.

Als die Pioniere des heutigen Staates Israel in der Jahrhundertwende in das völlig verheerte Land kamen, konnten sie dank dieses Baumes überleben. Zum Frühstück hatten sie Oliven, Wasser und Brot. Zum Mittagessen Wasser, Brot und Oliven. Am Abend Brot, Oliven und Wasser. Eine reife Olive ist leicht verdaulich und sehr nahrhaft (100 Gramm = 900 Kalorien).

Sie enthält Vitamine A, Eisen, und mehr Kalzium als jede andere Frucht. Auch der Anteil an ungesättigten Fettsäuren ist enorm hoch.

Es ist auch der Baum Jesu, denn am Ölberg – dieser Hügel war bepflanzt mit lauter Olivenbäumen – litt unser Herr und Heiland. Dort schwitzte er Blut und entschied sich für dich und mich im Garten Gethsemane.

Dort gibt es heute noch sechs Ölbäume, die über 2000 Jahre alt sind und Jahr für Jahr blühen und Frucht bringen.

Es ist auch der Baum des Gläubigen, wenn er alt wird.

»Mit frischem Öl hast du mich überschüttet . . .

Die gepflanzt sind im Hause des Herrn werden grünen in den Vorhöfen unseres Gottes. Im Greisenalter werden sie dennoch blühen, fruchtbar und frisch sein, um zu verkünden, daß der Herr gerecht ist.

Er ist mein Fels . . .« (Psalm 92).

Stachelschweine haben's schwer . . .

Eine Geschichte zum Schmunzeln . . .

An einem eisig kalten Wintertag drängten sich einige Stachelschweine eng aneinander, um sich gegenseitig zu wärmen.

Da spürten sie die lästigen Stacheln und rannten wieder auseinander – doch es war so kalt, daß sie wieder zueinander drängten, das ging so hin und her . . . Auf Entfernung wird man nicht warm und zu nah stören die Stacheln.

Diese Fabel zeigt uns, daß wir oft eher Stachelschweinchen sind als Lämmer . . .

Unsere Stacheln heißen: Irgendwelche Launen, aufdringlich sein in Belehrung oder gutgemeinten Ratschlägen, oder einander zu nahe treten und jetzt fängt's an, das »aufstacheln« und »anstacheln«. Doch da ist die Kälte in dieser Welt, die uns immer wieder zusammentreibt!

Wie wichtig ist es, daß wir *»neue Kreaturen«* werden, denn ein Leben ohne Wärme der Freundschaft und Geborgenheit, ohne Bejahung von Glaubensgenossen ist nicht lebenswert. Unser Herr möchte uns eine Lammesnatur schenken. Nur mit ihr überfordern wir unsere Nächsten nicht. Nur als Verwandelte können wir Liebe geben, wo keine zurückkommt. Nur so werden wir zu brüderlichen Menschen, zu »Schafen seiner Weide«.

»Herr, lehre uns beten . . .«

Lukas 11, 1 b

Als Antwort auf diese Bitte eines seiner Jünger lehrte Jesus das Vaterunser.

Es vergeht keine Minute auf dieser Erde, in der es nicht von vielen gebetet und zum Himmel emporgeschickt wird.

Es ist tatsächlich das Gebet, welches die Welt umspannt und innig gesprochen in ungefähr vierzig Sekunden aufgesagt ist. Das wichtige Wort »ICH« kommt überhaupt nicht vor, denn was wir für uns erbitten, erbitten wir in diesem Mustergebet auch für andere.

Erst auf den Lippen von Gläubigen erlangt es seine volle Bedeutung, denn nur sie wissen, was sie damit aussprechen und erhalten Trost, Freude sowie innige Herzensverbundenheit mit Gott.

Wir kennen zwei Fassungen des Herrengebets im Neuen Testament. Matthäus übermittelt uns den längeren Text mit sieben Bitten.

Lukas erinnert dagegen daran, daß ein Jünger, der Jesus beten sah, ihn spontan bat: »Herr, lehre uns beten.« Die überlieferten Formeln, die er von Kind auf nachgeplappert hatte, genügten ihm nicht mehr, und nun hat Jesus seinem Jünger dieses »Vaterunser« vorgesprochen.

Aramäisch war die Muttersprache Jesu. Er sagte: »Abba«. Wir würden sagen: »Papa«. Hier liegt etwas Vertrauenerweckendes, Liebes vor. Da ist keine Spur von Angst und Scheu. Jesus kam, um uns seinen Vater zu zeigen, und indem er unser Bruder wurde, ermächtigte er uns, »ABBA – lieber Vater« zu sagen. Sind wir uns bewußt: Durch den Sohn wurden wir Söhne und dürfen als Kinder mit dem Wohlwollen Gottes rechnen. Das ist »der Geist der Kindschaft« und nicht der »Knechtschaft«. Ich brauche ihn nicht zu überreden, denn als unser Vater ist er willig uns zu segnen. Es geht nicht um ellenlange Gebete mit vielen Worten, sondern es geht eher um das Gewicht, um unsere Inbrunst.

»Unser Vater, du in dem Himmel . . .« so steht's im griechischen

Urtext. Es ist der Nahe und doch auch der Ferne, der liebende »ABBA« und doch der dreimal Heilige Gott, dem wir mit Ehrfurcht begegnen.

»Geheiligt werde – dein Name«! Mit der tiefsten Ehrerbietung wollen wir ihn, sein Wort und seine »frohmachende Botschaft in aller Demut betrachten.

Gottes Name kommt zuerst! Die Seele vieler Christen ist nur deshalb eng, klein und kleinlich, bang und bedrückt, weil sie sich viel zuviel um sich selbst dreht. Introvertiert statt nach oben gerichtet zu den Bergen des Heils, von welchen uns Hilfe kommt. Er und sein Name verschwindet so leicht hinter all unseren seelischen Nöten und Sorgen.

Wenn wir auf ihn schauen, verblaßt unser »Ich«, und »Er« beginnt zu leuchten, Er allein, und unsere Seele darf gesunden und große Kraft empfangen.

»Geheiligt werde – dein Name! Kommen soll – dein Reich!

Geschehen soll – dein Wille, wie im Himmel (so) auch auf Erden!«

Haben wir es hier mit einer Steigerung oder einer Vertiefung zu tun innerhalb dieser drei Bitten? Die Sehnsucht nach seiner Königsherrschaft – nach ihm als Herrscher in uns und unter uns – ist groß: »Komm, Herr Jesu!« – Alle menschliche Hoffnung fließt hier zusammen.

Wir glauben an sein Kommen und haben »den Tag seiner Erscheinung lieb«. Wenn er kommt, ist Himmel und Erde miteinander verbunden, die Distanz überbrückt. Gott ist König! Dreimal Du, Du, Du! Unser Blick ist ständig himmelwärts gerichtet und unsere Seele erhebt sich. Das geschieht durch nüchterne Anbetung, durch Loben und Preisen ». . . da ist der Weg, daß ich ihm zeige das Heil Gottes« (Psalm 50, 23).

»Unser Brot – für den heutigen Tag gib uns heute!«

Es geht um den heutigen Tag, um die *tägliche* Versorgung.

Zur Zeit Jesu war Brot *das* Grundnahrungsmittel in Israel.

Brot als Symbol des Lebens. Um Brot bitten – schrieb Dr. Martin Luther – heißt: »Gott möge uns Essen und Trinken, Kleider, Haus und Hof und gesunden Leib geben, dazu das Getreide und die Früchte auf dem Felde wachsen lassen . . . unsere Arbeit . . . gedeihen und gelingen lassen.«

Das sind ganz reale, natürliche, materielle, leibliche Dinge mit der Bitte ums tägliche Brot. Wir wollen Gott täglich ums tägliche Brot bitten. Wir dürfen und sollen es tun. Wir gehören nicht zu den schwärmerischen – superfrommen Christen, die sich zu erlöst und schon halb entrückt halten, um das Vaterunser überhaupt noch zu beten.

Nein, wir wissen, daß wir alles, auch das Materielle, seiner väterlichen Fürsorge anzubefehlen haben. Es ist alles nur Gnade und unverdientes Geschenk. Natürlich gehen unsere Gedanken noch weiter. Natürlich erinnern wir uns an den, der gesagt hat: »Ich bin das Brot des Lebens.«

Mein Fleisch ist die rechte Speise und mein Blut ist der rechte Trank . . . Und doch wissen wir, was es bedeutet, beten zu dürfen ums tägliche Brot, in einer Welt, wo nur jeder Dritte satt wird.

»Und vergib uns – unsere Schulden, wie auch wir vergeben haben – unseren Schuldnern!«

Dieses »Und« wollen wir nicht übersehen. Es verbindet die Bitte ums Brot unmißverständlich mit der Bitte um Vergebung. Wie oft wird die Sorge ums Brot zu einem egoistischen Kampf um die vermeintiche Existenz, und durch Übervorteilung werden wir Menschen in besonderer Weise aneinander schuldig. »Schuld« ist das größte aller Übel.

Schuldgefühle lassen sich verdrängen und Jahre können ins Land gehn. Doch plötzlich bricht der Eiterherd auf . . . Im Lukasevangelium heißt es »unsere Sünden«. Das ist Realität: Wir sind Sünder und schuldig geworden vor Gott und den Menschen.

Doch wir bitten um Vergebung und werden erhört! Gott hilft uns in unserer Schwachheit. Wir brauchen die Vergebung für unsere Seele, so wie der Leib das natürliche Brot braucht, um leben zu können.

Es stimmt schon, leeren Mägen kann nicht gepredigt werden, doch wer die Schuldfrage aus dem Zentrum vertreibt, raubt dem Menschen das Glück der Vergebung – sowie ihren Seelen Frieden. Sie raffen dann unersättlich weiter und häufen so Schuld auf Schuld. Doch da ist Christus. Durch sein Sterben leben wir. Er hat unseren Schuldbrief zerrissen. Warum gibt es noch so viele Leute, die immer noch krank sind an unvergebener Schuld, trotzdem Christus am Kreuz für sie starb? Nur wer seine Sünde erkennt und bereut, kann zur vergebenden Gnade gelangen. Laßt uns an die Vergebung glauben und sie annehmen und sich ihrer erfreuen!

Laßt uns auf Christus schauen und auf ihn allein. Er ist Anfang und Vollender unseres Glaubens!

Und nun dürfen, ja sollen wir die Vergebung weiterreichen: »wie auch wir vergeben haben unseren Schuldigern.« Wem vergeben wurde, der sollte vergeben! Haben wir? Die Gemeinde sollte der Ort sein, da das Wort von der Vergebung entscheidet und regiert.

»Und führe uns nicht in Versuchung . . .« das heißt: Herr, gestalte unseren Weg so, daß ich nicht in Gefahr komme abzustürzen; laß die Anfechtung und Versuchungen mich nicht zu Fall bringen. Herr, du weißt, daß ich anfällig bin, doch »deine Kraft ist in den Schwachen mächtig«. Du kennst den schmalen Grat zwischen Gut und Böse, und ich bitte dich um deinen Beistand. Herr, laß alles ein Ende gewinnen und stelle uns, wenn möglich, nicht auf die Probe. Eines ist sicher, wer das freudige Erlebnis der Sündenvergebung hatte, auf den wartet Kampf. Darum verbindet Christus die Bitte um Vergebung mit dem *»Und führe uns nicht in Versuchung.«*

Hilf, daß wir jetzt nicht meinen zu stehen aus eigner Kraft, um dann um so tiefer zu fallen . . .

Es gibt Versuchungen, die aus Schicksalsschlägen und Nöten aller Art bestehen. Andere bestehen aus einer »Reihe von guten Tagen«. Wie leicht wird ein Mensch hochmütig und selbstgerecht, wenn er von überall her Applaus erntet. Wo bleibt da die Dankbarkeit und das Wissen: »Ohne mich (Jesus) könnt ihr nichts tun.« Joh. 15,5

»Sondern rette uns von dem Bösen«! In dem höllischen Tumult des Terrors und Verbrechens, in dem wir leben, von dem wir täglich hören durch die Medien, ist diese Bitte von größter Wichtigkeit und absolut zeitgemäß. Menschen, die der Rettung bedürfen, rufen: »Rette mich!« und werden erhört. Dieser Hilferuf dringt direkt an Gottes Herz. Jesus hat die Verlorenheit der Welt auf sich genommen, und wo immer ein Elender schreit, hört er und hilft. Am Kreuz ist Rettung vom Bösen erwirkt. »Christ, der Retter, ist da«, immer, wenn wir ihn anrufen, »alle Tage bis an der Welt Ende«. Als Gerettete gehn auch wir dann mit Samariterhänden den Verlorenen nach, um zu helfen und zu pflegen, um den Ruf Jesu erschallen zu lassen: »Kommet her zu mir alle, die ihr mühselig und beladen seid, ich will euch erquicken.«

»Erlöse uns von dem Übel«, wie Luther übersetzt, befähigt uns zu echter Hingabe im Dienst, weil wir um sein kommendes Reich wissen.

Das Ende naht, der Feind wurde besiegt.

Vom Bösen werden wir eindeutig errettet.

»Denn dein ist das Reich und die Kraft und die Herrlichkeit in Ewigkeit.«

Mit einem dreifachen Lobpreis und tiefempfundener Anbetung schließt das »Vaterunser«. Im Urchristentum war es oft so, daß der Gemeindehirte die sieben Bitten des Herrengebetes vortrug, dann fiel die ganze Gemeinde in den Schlußhymnus ein und sagte: *»Denn dein ist das Reich . . .«* und sie dachten dabei an die messianische Königsherrschaft und wurden mit Freude erfüllt.

»Denn dein ist die Kraft«, die Dynamis, die in uns »Schwachen mächtig ist«, die uns reinigt, erlöst und immer wieder erneuert, ja umgestaltet in Jesu Bild . . . Wir proklamieren den Sieg in jeder Beziehung und allen Belangen. *»Denn dein ist die Herrlichkeit in Ewigkeit.«*

Wir ahnen etwas von der Ausstrahlung der Majestät Gottes und wir beten an. Wir können es nicht fassen, daß dieser ewige Gott aus seiner Herrlichkeit zu uns herniederkam, sich selbst »entäußerte«, Mensch wurde und uns Freund und Bruder nannte; ja »wir sahen seine Herrlichkeit als des eingeborenen Sohnes, voller Gnade und Wahrheit.« Joh. 1,14

»Amen«, so ist es – es soll gelten auch in einer Welt des Zweifels und der Verneinung.

»Fürchtet euch nicht, ich habe die Welt überwunden«, spricht der Herr.

Charles Reichenbach

Gedanken der Geborgenheit

128 Seiten
ISBN 978-3-501-01365-6

Heute brauchen wir eine hilfreiche geistliche Arznei als Waffe gegen Angst in jeglicher Form. Wir brauchen seelische Kraft und Hilfestellung in brennenden Fragen des Lebens.
Es gibt einen Ausweg aus dem Dickicht verirrter Gedanken und Heilung von schmerzlichen Erlebnissen. Tiefgreifende Lebensveränderungen sind erfahrbar. Wir dürfen vom Glauben mehr erwarten; er ist belastbar und schenkt uns Mut zum Leben. Wer auf Gottes Eingreifen warten kann, wird überrascht vom frischen Wind, der die Seele beflügelt. Mutmachende Gedanken helfen, fröhlich durchs Leben zu kommen.
Dieses Buch weist den Weg zu wahrer Geborgenheit.

Im Lichtstrahl der Liebe

64 Seiten
ISBN 978-3-501-01611-4

Erlebnisse, Glaubenserfahrungen und biblische Texte laden ein zum Innehalten und Nachdenken. Die Zielfragen des Lebens werden erläutert und Barrieren des Alltags überwunden.